重庆市教委人文社科规划项

农民创业意愿形成机制研究

Research on the Formation Mechanism of Farmers' Entrepreneurial Intentions

梅 玫 丨 著

经济管理出版社
ECONOMY & MANAGEMENT PUBLISHING HOUSE

图书在版编目（CIP）数据

农民创业意愿形成机制研究 / 梅玫著. -- 北京：
经济管理出版社，2025. -- ISBN 978-7-5243-0251-3

Ⅰ. F323.6

中国国家版本馆 CIP 数据核字第 2025AZ6367 号

组稿编辑：赵天宇
责任编辑：赵天宇
责任印制：张莉琼
责任校对：蔡晓臻

出版发行：经济管理出版社
　　　　　（北京市海淀区北蜂窝 8 号中雅大厦 A 座 11 层　100038）
网　　址：www. E-mp. com. cn
电　　话：（010）51915602
印　　刷：唐山玺诚印务有限公司
经　　销：新华书店
开　　本：720mm×1000mm/16
印　　张：12
字　　数：227 千字
版　　次：2025 年 5 月第 1 版　　2025 年 5 月第 1 次印刷
书　　号：ISBN 978-7-5243-0251-3
定　　价：88.00 元

前　言

　　近年来，随着新型城镇化建设的推进，我国农村的生产、生活方式发生了巨大变革，农民的职业发展与就业问题也相应受到了关注。同时，易变性与无边界职业生涯时代的到来，要求人们在就业市场上拥有更强的灵活性与适应性，农民的职业发展因此面临比以往更大的挑战。由于自身知识和能力的局限，农民难以在外部劳动力市场上获得相对有竞争力的工作。在此条件下，农民不得不寻找其他更适合自身的就业方式。在政府大力鼓励个体创业的社会背景下，许多农民开始通过自我雇佣的方式获得收入，这也引起了学者对"农村创业/农民企业家"这个话题的广泛关注。

　　鉴于创业意愿对预测个人创业活动的重要性，许多创业和心理学研究已经针对创业意愿的前因进行了探讨，并且这些研究大多基于几个主流的创业理论，如计划行为理论、创业事件理论与社会认知理论等。虽然这些研究提供了关于"创业意愿如何形成"的重要见解，但要深入理解创业意愿的发展过程，现有理论视角还有一定的局限性。因此，创业领域的学者呼吁未来研究应引入更多新的视角来探讨创业意愿的形成机制。在此背景下，越来越多的理论与实证研究开始运用职业管理理论解释创业现象，而这些研究大多集中于员工、学生等样本，忽视了农民等其他在就业市场上竞争力较弱的群体。此外，已有研究主要基于一般化的环境和个体因素探讨创业意愿的形成过程，对本土文化因素与创业意愿之间关系的探讨不够充分。基于此，有必要结合本土文化开展针对农民群体创业意愿的研究。

　　本书的主要内容包括：首先，在绪论部分阐明了研究背景与研究问题，并提出全书的理论框架；其次，梳理有关创业意愿的文献，以及本书涉及的各个变量的现有研究进展，通过文献综述，本书试图描绘出创业意愿相关研究的更为系统和清晰的图景；再次，分别从个体因素、环境因素、个体—环境交互作用三个方面开展三项实证研究；最后，根据实证研究结果提出农民创业的理论与实践启示。

在研究一中，本书主要探讨"农民个人因素与创业意愿的关系"。基于生涯建构理论，通过171位农民的样本，实证检验个体特征差异（面子意识与优柔寡断的性格）如何影响农民的创业意愿，并检验生涯适应力在个体差异与创业意愿之间的中介作用。研究结论：①生涯适应力有助于农民创业意愿的形成；②生涯适应力在怕丢面子与创业意愿之间具有中介作用；③优柔寡断的性格在面子意识和生涯适应力之间起调节作用，具体地，优柔寡断的性格会抑制"想要面子"与生涯适应力的正相关关系，而加剧"怕丢面子"与生涯适应力的负相关关系。

在研究二中，本书主要探讨"本土文化背景下的环境因素与农民创业意愿的关系"。基于社会认知职业理论，通过209位农民的样本，实证检验情境因素（创业制度环境与家庭创业支持）如何影响农民的创业意愿，并检验创业自我效能感与结果预期在环境因素与创业意愿之间的传导作用。研究结论：①家庭创业支持有助于农民创业意愿的形成；②有利的创业制度环境与家庭创业支持均能促进创业自我效能感的提升；③有利的创业制度环境与家庭创业支持均能促进农民对创业的积极结果预期；④创业自我效能感能够提升农民对创业的积极结果预期；⑤创业自我效能感在环境因素（创业制度环境/家庭创业支持）与农民创业意愿之间发挥传导作用，但结果预期在环境因素与农民创业意愿之间的传导作用不显著。

在研究三中，本书主要探讨"个体—环境交互作用与农民创业意愿的关系"。基于个体—环境匹配理论，通过439位农民与非农民的样本，实证检验情境因素（创业培训）与个人因素（感知外部就业能力）的交互作用如何影响农民的创业意愿。研究结论：①创业培训对农民创业意愿具有正向影响；②感知外部就业能力对农民创业意愿具有正向影响；③感知就业能力在创业培训与创业意愿之间起调节作用。

通过三项实证研究，本书试图总结归纳出整体研究的理论与实践启示，以及研究存在的不足之处，并依据这些不足提出未来研究可以继续完善与拓展的方向。

在本书的数据调查和撰写阶段，得到了西南财经大学唐明凤教授和重庆理工大学管理学院相关领导的大力支持。由于时间仓促，加之水平有限，书中难免存在错误和不足之处，恳请广大读者批评指正。

目　录

第一章　绪论

第一节　研究背景

一、现实背景

联合国编制的《世界城镇化展望（2018 年版）》指出，2018 年全球约 55%
的人口居住在城市地区，预计到 2050 年，世界人口城镇化率将增加到约 68%，
而欠发达地区的城镇化率将从 2018 年的 50.6% 上升至 65.6%①。可见，城市化是
世界人口发展的一大趋势。城市化发展改变了农村居民原有的职业、生活方式、
文化和行为，而这些变化对国家未来的社会经济发展具有重大影响（Lin 和 Si，
2014）。2024 年，国务院印发的《深入实施以人为本的新型城镇化战略五年行动
计划》指出，稳步提高城镇化质量和水平，充分释放新型城镇化蕴藏的巨大内需
潜力，持续推动经济实现质的有效提升和量的合理增长，为中国式现代化提供强
劲动力和坚实支撑。在新型城镇化背景下，农民原有的生产、生活方式发生了巨
大变革，他们在职业选择方面拥有更多机会和支持。党的十九大报告指出，要支
持和鼓励农民就业创业，拓宽农民增收渠道。可见，帮助农民适应城市化发展，
使他们更好地融入城市社区，解决他们的就业问题，促进他们职业的可持续发
展，不仅能够在一定程度上解决农村剩余劳动力的问题，促进农民持续增收，同
时也是解决"三农"问题的重要举措。

---

① 资料来源：联合国经济和社会事务部网站及澎湃新闻网站。

农民本身就业能力缺乏竞争优势，他们在就业市场上难以获得高技术要求的工作。因此，一些农民只能选择在城市中从事低技术含量的工种（郭金云和江伟娜，2010）。但是，农民蕴藏着巨大的创新创业潜力。在政府鼓励、支持农民创业的大环境下，越来越多的农民通过自主创业的方式获得收入，全国各地涌现出众多农民企业家，农村创业活跃度得到极大提高。农业农村部与中国农业发展银行办公室联合印发的《关于政策性金融支持农村创业创新的通知》也指出农民创新创业是大众创业、万众创新的重要力量，是中国实施创新驱动发展不可或缺的重要主体。然而，目前我国农民创新创业人数少、占比低，整体发展水平还不高（杨奕然和刘新民，2024）。基于此，在"双创"背景下，立足特定的文化情境，探讨农民创业的本土驱动因素与潜在机制，能够更好地理解国内的创业活动，并提出有针对性的建议。

二、理论背景

创业是个人能动性的一种表现，对在就业市场上机会受限的群体，创业是其融入社会经济生活的重要渠道（Obschonka et al.，2018）。实证研究表明，在发展中国家，自我雇佣与农民的主观幸福感正相关（Markussen et al.，2017）。由于农村人口在我国总人口中的占比优势，农村创业被认为是促进我国经济发展和改革的极为重要的驱动力。就我国农民群体而言，哪些因素可能影响他们的创业倾向和创业活动，已有的研究尚不充分。一些实证研究虽然关注了农民创业的问题，但主要聚焦于探讨数字经济（王佳伟等，2024）、创业机会（祝振兵和许晟，2022）等外部影响因素对个体创业的影响，对创业决策过程以及创业意愿内在形成机制的剖析还不够深入。

创业意愿被认为是预测个人创业活动的一个重要变量（Krueger et al.，2000；Van Gelderen et al.，2015；Weiss et al.，2019）。鉴于创业意愿在个人创业生涯过程中的重要性，许多创业和心理学研究已经针对创业意愿的前因进行了探索（Al-Jubari et al.，2019；Obschonka et al.，2018；Tolentino et al.，2014）。在这些研究中，计划行为理论（the Theory of Planned Behavior，TPB）（Ajzen，1991）、创业事件模型（Shapero's Model of the Entrepreneurial Event，SEE）（Shapero，1984）和社会认知理论（Social Cognitive Theory，SCT）（Bandura，1986）是解释创业意愿形成最主要的理论视角。这些文献有助于理解创业意愿如何形成。然而，要深入剖析创业意愿发展过程，有必要打破现有理论视角的局限，从新的角度剖析创业意愿的形成机制。

为了拓展创业研究的边界，一些学者强调从职业生涯的视角审视创业过程，指出创业是个人在构建有意义的人生过程中的众多职业选择之一（Burton et al.，2016），个人职业经验和能力可以塑造创业意愿（Tolentino et al.，2014）。从这个角度来看，引入职业管理相关的理论来研究创业意愿，可以加深对创业意愿成因及机制的理解。事实上，近年来一些研究已经将职业理论引入创业领域以解释个体创业生涯（Entrepreneurial Career）发展过程和创业意愿的前因（Austin & Nauta，2015；Bloemen－Bekx et al.，2019；Liguori et al.，2018；Pérez－López et al.，2019；Pfeifer et al.，2016）。Obschonka 等（2018）基于生涯建构理论，指出适应性人格（例如，风险倾向、一般自我效能感和韧性）是个人能动性（即创业意愿）的驱动力。这些文献为理解创业意愿的形成提供了重要见解，基于此，本书从职业生涯管理的视角出发，将创业作为个体职业生涯发展的一种职业选择，进一步深入探究创业意愿的形成过程。

综上所述，创业作为个体融入社会经济生活的重要渠道，是外部就业机会受限的个体解决就业的一种方式，应该在中国典型群体（农民）中进一步研究其驱动因素；此外，从新的研究视角来解释创业过程，有助于为创业意愿的研究注入新的活力（Fayolle et al.，2014）。因此，本书以农民群体为主要研究对象，并以生涯建构理论、社会认知职业理论及个体—环境匹配理论为基础，分别探讨个人因素、环境因素及个体—环境交互作用对农民创业意愿的影响。

第二节　研究目的

针对上述研究背景与研究局限，本书在系统梳理国内外创业生涯与职业生涯管理相关文献的基础上，借鉴 Bird（1988）的创业意愿模型（见图 1-1），针对"农民创业意愿如何形成"这一主题，分别从个体、环境因素以及个体—环境交互作用三个方面进行分析。

根据 Bird（1988）的创业意愿模型，创业意愿是个人与环境共同作用产生的结果。其中，个人因素包括个人历史（如先前创业经验）、个体性格特征与能力（如大五人格）；环境因素包括社会（如社会支持）、政治（如政府管制）、经济（如市场变化）等。依据这一模型，文章考察了个人特征、制度与家庭环境、环

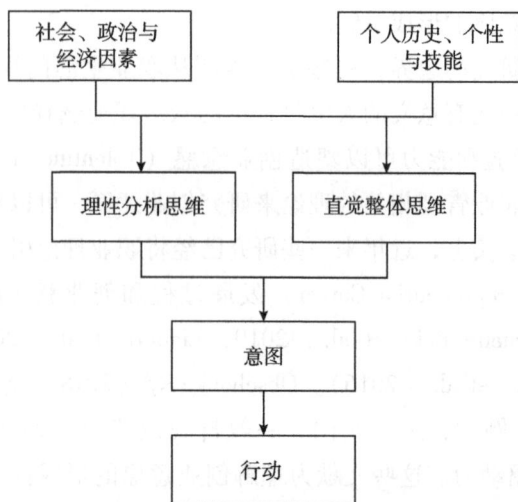

图 1-1　创业意愿模型

资料来源：Bird（1988）。

境与个体交互作用对农民创业意愿的影响。Bird 指出，个体的理性分析思维与直觉整体思维在个体、环境因素与创业意愿之间起传递作用。借鉴这一思路，本书将农民生涯适应力视为其理性分析，将创业自我效能感与结果预期视为其直觉思维，作为影响农民创业意愿的传导机制。具体来说，本书包括以下三个主要研究问题，并相应开展研究来具体解答。

第一，个体因素方面，农民个体特征如何影响其创业意愿。从个体自身因素出发的创业意愿研究已经比较丰富，这为深入理解创业意愿的形成过程提供了丰富的理论依据。目前，受到广泛关注的个体因素包括创业认知（Dheer & Lenar-towicz, 2019；段锦云等，2016）与创业态度（Biraglia & Kadile, 2017；丁栋虹和张翔，2016）等。然而，在中国特定的文化背景下，是否有一些独特的个人特征会影响创业意愿的形成。这一问题还未获得有力的回答。同时，有学者指出，创业也具有一般职业的特点，因此未来应尝试引入职业领域的理论框架解释创业过程（Burton et al., 2016）。基于以上研究现状，本书关注了我国文化背景下的典型个体特征与创业意愿的关系。同时，基于 Burton 等（2016）的建议，本书从职业生涯管理视角出发，运用生涯建构理论的框架，引入生涯适应力作为中介变量，优柔寡断作为调节变量，探究个体因素对创业生涯决策的影响机制。

第二，环境因素方面，宏观与微观环境如何影响农民创业意愿。总结近年来有关创业意愿的研究发现，尽管学者对创业意愿形成的前因变量进行了大量探索，对环境因素在创业意愿形成中的作用却缺乏关注，尤其是中国特定环境因素影响创业意愿的研究则更少。"家"与"国"是中国人行动体系中的两大重要基石。一方面，中国的经济发展形势与速度均与制度环境密切相关（Lin & Si，2014），在此社会环境中人们的行为方式和行动决策也会受到制度环境的约束。另一方面，中国人长期以来形成的家庭文化与家庭导向（Cheung et al.，2008），对其行为决策模式也具有重要影响。基于此，本书拟从两个方面的环境因素分析个体所处环境对其创业意愿的作用机制。一是国家环境因素方面，本书主要分析创业制度环境如何影响农民创业意愿。二是家庭环境因素方面，本书分析家庭创业支持如何影响农民创业意愿。同时，本书基于社会认知职业理论，探究创业自我效能感与结果预期在环境因素与创业意愿间的中介传导效应。

第三，个体因素与环境因素如何共同作用于农民创业意愿。无边界职业生涯时代的到来以及新型城镇化的发展给农民就业带来挑战的同时也带来了新的机遇。在国家大力倡导农民创新创业的背景下，为何农民创业参与度仍然较低？为何一部分农民会倾向于创业，而另一些农民则选择被雇用？为了促进农民创业、激发农村创新活力，政府组织了大量职业技能和创新创业培训，这些培训对农民创业发挥着怎样的作用？为了回答这一系列问题，本书拟基于个体—环境匹配视角，引入个体对自身就业能力的感知这一变量，分析农民感知的就业能力（或可雇用性）与创业培训的联合作用及其对农民创业意愿产生的影响。

综上所述，本书旨在从职业生涯管理的视角，通过引入具有本土文化特征的变量和样本，考察个体因素、环境因素及个体—环境交互因素如何影响农民创业意愿，为相关部门引导农民创业就业，帮助农民适应快速变化的外部环境，从而获得可持续的职业发展提供理论和实证依据。

第三节　研究方案

一、研究方法

研究方法是发现研究问题和验证研究猜想的工具与手段。根据本书拟达到的研究目的，并保证研究程序科学、严谨，本书采取以下研究方法：

1. 文献研究法

在确定具体的研究框架和整体研究思路之前，需要大量阅读相关领域的研究文献，并整理总结现有研究的结论以及研究缺口。本书围绕"农民创业意愿如何形成"这一问题，首先，在创业和职业领域的国内外权威期刊上收集、整理有关创业意愿的文献，特别是针对创业意愿前因变量与边界条件的研究。通过归纳整理现有研究，尽可能全面、正确地了解创业意愿的研究现状、理论基础以及研究局限。其次，系统梳理生涯建构理论、社会认知职业理论以及个体—环境匹配理论的相关文献，以便深入了解这些理论的内容以及最新研究进展，从而更好地运用这些理论解释研究问题。最后，对研究涉及的各个变量进行全面梳理，对相关研究变量的定义、测量工具、研究现状及研究趋势进行总结，进而明确最终的研究问题和研究假设，形成相应的文献综述。

2. 访谈法

在确定研究问题与研究思路后，为了初步验证研究猜想并修正研究框架，在正式调研之前选取一定数量的农民样本进行访谈。通过面对面访谈了解他们在创业过程中的想法，根据反馈对研究的理论框架作进一步修改调整，使理论模型更好地反映农民创业意愿的形成过程，深入揭示农民进行创业决策过程中的心理活动，确保理论模型能够真实地反映农民创业意愿的形成机理。

3. 问卷调查法

问卷调查可以通过邮寄、现场发放或线上填写等多种方式开展，这种方法相比访谈法更易于控制且可计量。参考国内外相关研究所使用的测量工具，本书通过双向回译翻译英文量表，从而形成中文调研问卷，并结合中国情境，对部分语句进行细微调整，最终形成研究使用的问卷。研究一的调研问卷包含个人背景资料、个人性格特征、生涯适应力、创业意愿等方面的问题；研究二的调研问卷包含个人背景资料、创业环境感知、创业自我效能感、结果预期、感知就业能力、创业意愿等方面的问题；研究三的调研问卷包含个人背景资料、感知就业能力、创业意愿等方面的问题。问卷设计完成后，通过实地发放与线上填写相结合的方式，对目标群体进行问卷调查。

4. 定量分析法

定量分析法有助于研究问题以及对各个要素之间的数量关系进行量化分析。首先，用SPSS25.0软件对样本进行统计分析，初步确定样本性别、年龄等特征的分布情况，确保调查选取的样本分布科学合理。其次，对各变量进行描述性统计，明确变量间的相关性，为验证假设提供初步的证据。再次，利用多种方法（包括测量变量 AVE、CR 等指标）及软件（包括 SPSS25.0 与 Amos21.0 等）检验测量工具的信效度，并排除共同方法偏差的影响。最后，通过 SPSS25.0、Amos21.0 以及 PROCESS macro 等软件对研究模型和假设进行验证，检验变量之间的直接与间接关系以及调节效应。

二、技术路线

结合创业理论与本土现实背景，本书提出"农民创业意愿如何形成"这一研究问题，并通过文献梳理、问卷调研、实证分析等一系列步骤，从职业生涯管理的视角解释这一问题及其中的内在机制。具体而言，首先，本书对创业领域及职业领域有关创业意愿的文献进行系统梳理，包括对相关理论基础以及研究变量进行整理，在此过程中可以明确现有研究的局限，并明确本书理论基础，为后文假设的提出提供依据。其次，基于文献梳理厘清已有研究基础和局限，在此基础上构建并完善整体研究架构，并根据文献中的量表形成调研问卷，发放问卷并收集数据。再次，分别开展三项研究，从个体、环境以及个体—环境交互三方面来考察农民创业意愿的形成机制：其中，研究一基于生涯建构理论，从个体方面论述农民创业意愿的前因，重点考察面子意识、优柔寡断及生涯适应力与农民创业意愿的关系。研究二基于社会认知职业理论，从环境方面考察农民创业意愿的前因，重点考察创业制度环境与家庭创业支持对创业意愿的直接与间接作用，以及创业自我效能感与结果预期的中介作用。研究三基于个体—环境匹配理论，从个体—环境交互作用方面探讨创业意愿的前因，重点考察个体感知就业能力与创业培训的交互作用对农民创业意愿的影响。最后，运用多种研究方法和统计工具对提出的具体假设进行验证，并基于这些研究结果，提出相应的理论与实践建议。本书的技术路线如图 1-2 所示。

三、本书结构

针对提出的研究问题，依据上述技术路线及研究需求，本书分为七章，第一章作为背景介绍和全文概要来展开；第二章主要阐述研究涉及的各个变量相关研究现状、研究缺口与研究成果；第三章主要阐述研究涉及的理论基础及其在创业意愿研究领域的应用；第四章旨在检验农民个体因素对其创业意愿的影响机制。

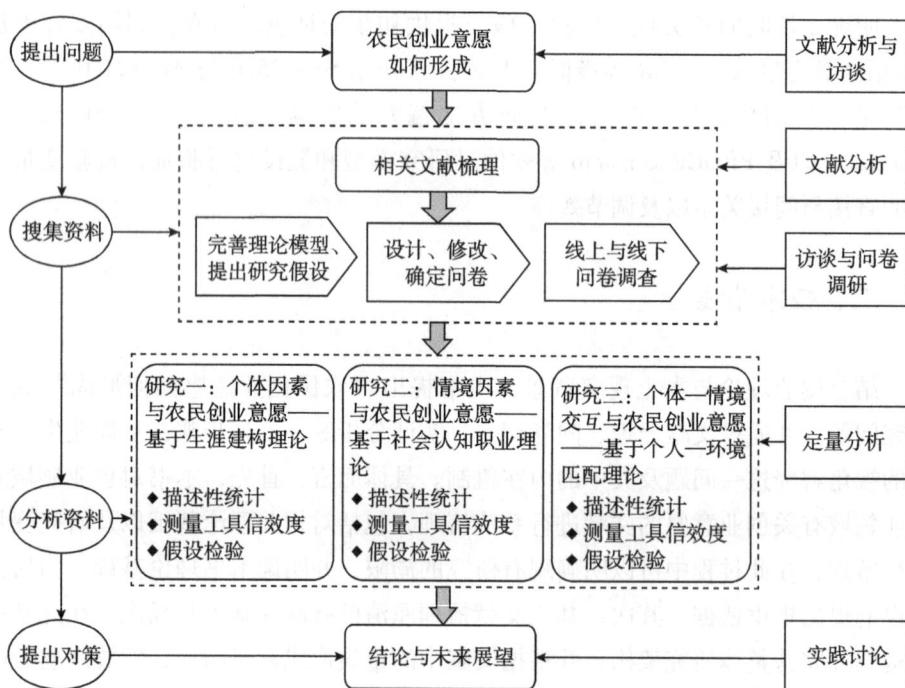

图1-2　本书技术路线

资料来源：笔者绘制。

第五章实证检验中国情境下的环境因素对农民创业意愿的影响机制。第六章实证检验创业培训与农民感知就业能力的交互作用对创业意愿的影响。第七章为总结与展望。具体结构安排如下：

第一章为绪论。该章简要介绍了研究的背景、拟达到的研究目的、研究整体框架、研究创新点，并论述采用何种研究方法和程序来实现研究目标。作为文章的背景介绍，本章旨在提供一个研究概要，帮助其他读者了解文章的主要内容和研究贡献。

第二章为文献综述。该章系统梳理了国内外相关研究，介绍各研究变量的近期研究成果。针对研究涉及的变量（包括创业意愿、面子意识、优柔寡断、生涯适应力、创业制度环境、家庭支持、创业自我效能感、结果预期），该章从变量的概念、测量以及近期实证研究结果三个方面分别进行总结，并提出研究依据的变量内涵与概念，为后文假设的提出作铺垫。

第三章为理论基础。该章详细梳理本书研究中涉及的三个理论（包括生涯建构理论、社会认知职业理论与个体—环境匹配理论），从理论的主要内容以及在创业研究领域中的应用两个方面梳理研究成果，夯实本书的理论基础，为后文假设的提出作铺垫。

第四章为研究一：个体因素与农民创业意愿。该章主要关注个体差异（面子意识与优柔寡断）如何通过生涯适应力影响农民创业意愿，并详细阐述第一个研究的理论框架、研究假设、研究方法与过程、实证结果以及结果讨论。首先，通过文献阅读和整理，系统梳理该章所使用的理论工具（生涯建构理论），包括该理论的内涵、理论发展过程，以及在创业领域中的运用情况。其次，根据现有文献与生涯建构理论，提出农民个体因素影响创业意愿的理论框架。再次，根据已有研究结果及生涯建构理论，论述自变量（面子意识）、调节变量（优柔寡断）、中介变量（生涯适应力）和因变量（创业意愿）之间的逻辑关系，提出相应的研究假设。复次，在研究方法部分，分别论述研究实施的步骤、选取的样本以及样本分布，并详细介绍研究所用的量表来源及量表条目。又次，在实证结果部分，运用多种数据分析工具检验测量工具的信效度以及测量模型的有效性，并进一步对研究假设（例如，生涯适应力的中介效应、优柔寡断的调节效应等）进行验证。最后，针对研究得出的实证结果，进一步讨论研究一的理论与实践启示，并提出未来可以从哪些方面来弥补和拓展该研究。

第五章为研究二：环境因素与农民创业意愿。同第三章的结构布局一样，本章详细阐述第二个研究的理论模型、假设、方法与程序、实证结果以及结果讨论。首先，系统梳理本章所使用的理论工具（社会认知职业理论），包括该理论的内涵、理论发展过程，以及在创业领域中的运用情况，并提出环境因素影响创业意愿的理论框架。其次，根据现有研究与社会认知职业理论，论述自变量（制度环境与家庭支持）、中介变量（创业自我效能感与结果预期）、因变量（创业意愿）之间的逻辑关系，并提出相应的研究假设。再次，在研究方法部分论述研究实施的步骤、选取的样本以及样本分布以及研究二所用量表的来源及量表条目。复次，在实证结果部分，运用数据分析工具检验测量工具与测量模型的有效性，并验证提出的假设。最后，针对研究二的实证结果，进一步讨论研究结果的理论与实践启示、局限以及未来可进一步拓展的方面。

第六章为研究三：个体—环境交互与农民创业意愿。为了进一步探索农民创业意愿的形成机制，研究三同时纳入创业环境因素和个体因素，探究创业培训和感知可就业能力的交互作用如何影响创业意愿。首先，系统梳理文章所使用的理论工具（个体—环境匹配理论），包括该理论的内涵、理论发展过程，以及在创业领域中的运用情况，并提出所要研究的"个体—环境"交互与创业意愿关系的理论框架。其次，基于个体—环境匹配理论，论述自变量（创业培训）、调节变量（感知外部就业能力）和因变量（创业意愿）之间的逻辑关系，并提出研究假设。再次，详细阐述研究实施的步骤、样本分布以及研究所用量表的来源及量表条目。复次，在实证分析部分，运用数据分析工具验证测量工具与测量模型的有效性，并验证假设。最后，针对研究三的实证结果，论述研究启示与未来展望。

第七章为总结与展望。该章总结上述三项实证研究的结果，论述本书整体的研究启示、研究局限以及未来展望。首先，根据研究得到的结论，对整体理论贡献进行总结，并根据文章解决的问题，为相关部门与个人提出现实参考建议。其次，分别从理论与方法两方面总结三项研究存在的局限性。最后，针对本书存在的不足之处提出未来改进方向，并根据文章已解决与待解决的问题提出未来研究展望。

第四节　整体研究框架

依据前述研究思路，本书将依次开展三项研究，分别从个体、环境、个体—环境因素三个方面探讨农民的创业生涯过程。研究一基于生涯建构理论，主要关注"个体因素—创业意愿"之间的作用机制，并重点考察面子意识与农民创业意愿之间的直接与间接关系，生涯适应力在二者间的传导机制，以及优柔寡断在二者间的调节效应。研究二基于社会认知职业理论，主要关注"环境因素—创业意愿"之间的作用机制，并重点考察创业制度环境、家庭创业支持与农民创业意愿的直接与间接关系，以及创业自我效能感和创业结果预期在环境因素与创业意愿间的传导机制。研究三基于个体—环境匹配理论，主要关注"个体环境交互—创业意愿"之间的关系，并重点考察个体感知的外部就业能力在创业培训与创业意愿间的调节效应。本书的整体概念模型如图1-3所示。

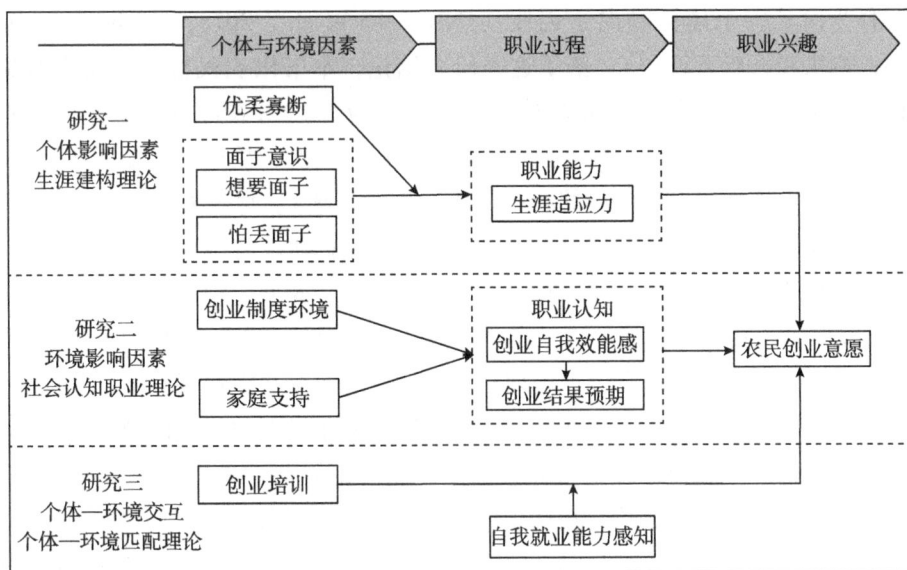

图 1-3 本书的整体概念模型

资料来源：笔者绘制。

第五节 研究的主要创新点

本书在验证前人研究结论的同时，提出了新的观点和假设。具体来说，本书创新点体现在以下几个方面：

第一，丰富了创业意愿的研究视角。一些学者指出，个人创业生涯相比一般职业生涯路径有诸多特殊之处（如不确定性高）（赵晓东和吴道友，2008），然而刊发在 *Entrepreneurship Theory and Practice* 上面的一篇文章认为，创业可以被视为个人职业生涯中的众多决策之一，在这点上，创业可能拥有与普通雇佣职业相似的特点，因此可以引入职业管理的视角和范式来研究创业问题（Burton et al.，2016）。创业究竟是不是一种职业？这一问题虽然仍存有争议，但越来越多的学者开始用职业管理理论的框架来解释创业意愿的形成机制。本书顺应创业研究与职业生涯管理研究相结合的发展趋势，首先，从生涯建构的角度，探讨农民性格特征与生涯适应力如何影响其创业意愿。已有研究表明，生涯建构理论能够较好地解释为何某些个体更倾向于创业（Obschonka et al.，2018；Tolentino et al.，2014；梁祺和王影，2016）。基于这一研究结论，本书以农民群体为研究对象，探讨该理论的核心要素（适应性性格与生涯适应力）与农民创业意愿的关系，进一步验证生涯建构理论对创业意愿的解释效用。其次，从社会认知职业过程的角度，解释个体如何形成相应的职业兴趣（创业兴趣）。尽管有学者开始尝试将这一理论运用于创业意愿的研究，但目前相关文献仍比较有限。在中国文化背景下，将该理论用于创业领域的研究则更少。因此，本书响应学者号召（Pfeifer et al.，2016），在中国情境中进一步验证该理论框架的有效性。基于个体—环境匹配理论，探讨个体如何在创业培训与自身就业能力交互影响下，激发其创业意愿。简而言之，本书以职业生涯管理的视角研究创业意愿的形成机制，进一步验证了职业理论（生涯建构理论与社会认知职业理论）与职业变量（感知外部就业能力）在创业领域的运用，拓展了创业意愿的研究视角。

第二，扩充了本土情境下创业意愿前因变量的研究。不同文化背景和价值观对个体创业意愿具有不同的作用效果（Shiri et al.，2017）。因此，本书立足中国本土文化，在研究一中引入"面子意识"这一典型的本土构念，并探究个体不同维度的面子意识（想要面子和怕丢面子）如何影响个体创业的意愿。尽管有学者注意到并探讨了面子意识与个体创业偏好之间的关系（Begley & Tan，2001；史达，2011），但面子意识与创业意愿的关系还未在更广泛的群体中进行验证，且缺乏对这两个构念之间潜在机制的探索。因此，在中国一类典型群体（农民）中检验面子意识对创业意愿的影响，是对现有创业文献的有益补充。研究二同时引入创业制度环境与家庭支持两类环境因素，进一步拓展现有环境因素—创业意愿关系的研究。创业意愿的形成是环境与个体相互作用的结果。尽管学者强调制度环境在新兴经济体中的重要地位（Manolova et al.，2008），然而新兴经济体的创业制度环境并未得到充分探索（Gupta et al.，2012），且对制度环境的研究大多从宏观层面的角度展开（谷晨等，2019），例如研究制度对创业企业密度的影响（Churchill，2017），而忽视了个体认知差异的作用。此外，在梳理文献时发现，中国情境下家庭支持对个体创业决策作用的实证研究极少。这些研究现状限制了对创业意愿影响因素的理解。因此，本书引入具有中国文化特征的个体因素与环境因素，拓展了本土创业研究。

第三，拓展了"个体/环境—创业意愿"路径的中介机制研究。如上所述，创业研究中主要的理论框架为分析创业意愿的形成机制提供了有力的理论依据，例如，计划行为理论中的主观规范（Ajzen，1991）。然而，如果仅局限于现有创业理论视角，对创业意愿形成机制的理解可能不够系统。因此，有学者指出，应该引入其他领域的理论并探讨新的中介机制，从而深入理解创业意愿是如何形成的（Fayolle & Liñán，2014）。近年来，职业研究领域的成果表明（例如，Obschonka et al.，2018），创业过程与其他职业过程类似，也会受个体职业认知与职业能力的影响。尽管有研究开始将创业与职业管理的研究进行整合，试图运用职业领域的理论框架来解释创业过程（Bloemen-Bekx et al.，2019；Pfeifer et al.，2016），但这些研究并未广泛验证职业理论框架当中的中介效应。因此，基于现有职业理论模型，研究一探讨了生涯建构理论的核心变量（生涯适应力）在个体因素与创业意愿之间的中介作用；研究二探讨了社会认知职业理论的核心变量（自我效能感与结果预期）在环境因素与创业意愿之间的中介作用。通过验证这些中介模型，深刻揭示创业意愿形成的路径机制，从而丰富了现有创业意愿的研究。

第二章 文献综述

本章针对全书涉及的研究变量进行系统的文献回顾和述评。具体而言,首先,对本书核心变量创业意愿进行综述,主要对不同研究视角的文献进行整理,并单独梳理出近年来以职业生涯管理视角开展的创业意愿研究以及农民创业意愿研究。其次,分别梳理三项研究涉及的变量,根据研究目的针对性地对各变量的前因和结果进行整理,并绘制各变量的研究整合框架,以便对变量的现有研究成果有更直观的了解。

第一节 个体创业意愿相关研究

一、个体创业意愿的概念

由于学界对创业的定义存在分歧,创业意愿的定义也还未完全统一。一些学者将创业定义为"创造新企业",但一些学者将自我雇用也划分为创业的范畴(Lüthje & Franke,2003;Singh & DeNoble,2003)。总结现有文献对创业意愿的定义,主要有以下几个代表性的观点:

最早提出"创业意愿"(Entrepreneurial Intention)概念的是学者伯德(Bird)。他基于认知心理学的已有研究指出,意愿是指"将个体的注意力、行为以及经历导向某一特定目标或方法的心理状态"(Bird,1988),而创业意愿的目标是建立一个新企业或在现有的企业中创造新的价值。这一定义被大量引用(Boyd & Vozikis,1994)。Krueger(1993)指出,意愿代表对将来某个目标或行为的承诺,因此创业意愿是指对创办新企业的心理承诺水平。Thompson(2009)

在系统梳理已有研究的基础上提出，个体创业意愿是人们自我承认的信念，即"他们打算建立一个新的企业，并下意识地计划在未来某个时候实施这种行动"。但 Thompson（2009）强调，由于诸多个人和环境因素会影响创业过程，因此有创业意愿并不表示一定创办新企业，而且实施创业行动的时间也不确定。范巍和王重鸣（2006）基于潜在创业者（Potential Entrepreneurs）的概念指出，创业意愿反映了个体近似创业者特质的水平，以及人们对是否从事创业活动的主观态度。

近年来，越来越多的学者认为，创业可以被视为众多职业生涯路径中的一种（Burton et al.，2016；Wilson et al.，2007；Pérez-López et al.，2019）。何婧和李庆海（2019）在针对农民的一项研究中指出，创业可以视为农民的一种新的职业选择。从这个视角来看，创业意愿可以理解为个体选择创业这条职业路径的意愿强度。由于农民创业本身以自我雇用的形式居多，且通常创新程度较低，因此，本书借鉴 Bird（1988）、范巍和王重鸣（2006）对创业意愿的概念界定，并结合职业生涯管理的视角，将创业意愿视为个体创办新企业、实施创业活动、将创业作为一项新职业的心理准备程度，包括对自身创业素质以及外在因素的主观评估后产生的创业信念，以及对实施创业活动的心理准备。创业意愿反映了个体将创业作为未来职业的兴趣程度。

二、个体创业意愿的测量

本书结合简丹丹等（2010）关于创业意愿相关研究的归纳总结，对创业意愿的测量工具做进一步梳理与补充，并从类别变量与连续变量几个方面进行归纳，具体如下：

（1）类别变量。类别变量的测量方式主要有三种：一是一些学者（如 Bonesso et al.，2018；葛宝山和王侃，2010；彭克强和刘锡良，2016）采用绝对测量法测量创业意愿，例如让被试者回答是否有创业意向；二是一些学者先采用李克特量表进行测量，再根据被试者的回答按照意愿程度将被试者划分为"想创业"与"不想创业"两类进行分析（Wilson et al.，2007；王兵等，2017）；三是一些学者采用自我分类的方式测量个体创业意愿（Bloemen-Bekx et al.，2019；Lee & Wong，2004；Falck et al.，2012），例如，让被试者自我评估想要从事的职业与领域，然后根据被试者的回答判断其是否具有创业意愿。

（2）单一条目量表。有学者指出，个体的创业意愿并不是简单的"是"或

"否"的问题，而是一个连续变量（Thompson，2009），并且创业意愿的程度因人而异（简丹丹等，2010）。因此，更多的学者采用表征程度的测量工具来测量创业意愿。其中，一些学者采用单一条目的李克特量表。例如，让被试者评估在未来创办新企业或自我雇佣的可能性（Krueger et al. ，2000；Kuckertz & Wagner，2010；Lüthje & Franke，2003），或询问被试者选择创业的意向程度（Gast et al. ，2017；段锦云等，2016；翟浩森等，2016）。

（3）单一维度的多条目量表。由于单一条目的量表使测量工具的信度和效度受到局限，一些学者开发了多个条目的测量工具。其中具有代表性的有以下几套测量量表。Chen 等（1998）开发了 5 个条目的量表，即询问受访者"对建立自己的企业有多感兴趣""多大程度上考虑过建立自己的企业""多大程度上准备建立自己的企业""努力建立自己企业的可能性有多大""多久后可能建立自己的企业"。Liñán 和 Chen（2009）基于计划行为理论，采用不同国家的样本，开发了一个 6 条目的创业意愿问卷（Entrepreneurial Intention Questionnaire，EIQ）。该量表在多项研究中被学者引用（Hsu et al. ，2019；Mwangi & Rotich，2019；林嵩等，2016；徐菊和陈德棉，2019；张秀娥等，2018）。示例条目如："我有坚定的打算有朝一日成立一家公司"。Zhao 和 Seibert（2005）以学生为样本，开发了 4 个条目的量表，询问受访者在未来 5~10 年内对实施典型创业活动的兴趣。这些活动如"开始一项业务"和"收购小的业务"。Thompson（2009）深入讨论了个体创业意愿的概念，并开发了 6 个条目的个体创业意愿量表（Individual Entrepreneurial Intent Scale，IEIS）。该量表要求受访者判断 6 项陈述是否与自身情况符合。示例条目包括"正在为开公司存钱"和"还没有计划开展自己的业务（反向计分）"。此外，学者 Mueller（2011）基于计划行为理论，开发了专门针对在校学生创业意愿的测量工具，共 3 个条目，包括："我将努力在完成学业后的头五年内创业""我已经采取了一些步骤来开始自己的事业（例如，收集信息，和朋友一起制定商业想法，撰写商业计划书）""我坚信，我将在完成学业后的头五年内开始自己的业务"。

（4）多维度量表。范巍和王重鸣（2006）基于本土文化编制了个体创业意愿的量表。并指出中国情境中个体的创业意愿包括希求性和可行性两个维度。创业希求性分为三个方面（即创新导向、自我尊重和成就导向），创业可行性分为两个方面（即责任意识与个人控制）。

本书将上述量表梳理结果整理如表 2-1 所示。总体来看，针对创业意愿的测量工具，现有文献中单一维度多条目的李克特量表使用较为广泛。这些测量题目中既包含建立公司的意愿程度，也包含开展新业务的意愿程度。借鉴国内针对农民创业的研究（朱红根和康兰媛，2013），本书采用 Liñán 和 Chen（2009）开发的量表来测量农民创业意愿。

表 2-1　创业意向的主要测量工具整理

相关学者	维度	量表类型	量表名称
Krueger 等 （2000）	单一条目	0~100 打分	—
Chen 等 （1998）	单维度 5 条目	1~4 李克特： 非常不同意—非常同意	—
Zhao 和 Seibert （2005）	单维度 4 条目	1~5 李克特： 没有兴趣—非常有兴趣	—
Thompson （2009）	单维度 6 条目	1~6 李克特： 非常不正确—非常正确	Individual Entrepreneurial Intent Scale，IEIS
Liñán 和 Chen （2009）	单维度 6 条目	1~7 李克特： 完全不同意—完全同意	Entrepreneurial Intention Questionnaire，EIQ
Mueller （2011）	单维度 3 条目	1~5 李克特： 非常不同意—非常同意	—
范巍和王重鸣 （2006）	两维度共 42 条目	1~6 李克特： 程度最低—程度最高	—

资料来源：笔者整理文献所得。

三、个体创业意愿的影响因素研究

在职业生涯管理与创业领域，有关创业意愿的研究已经比较丰富。为了梳理创业意愿的文献，结合研究目标，本书主要在创业领域与职业领域相关的主流期刊（如 *Entrepreneurship Theory & Practice*，*Journal of Business Venturing*，*Journal of Vocational Behavior*，*Journal of Career Development*）上搜索关键词，对现有创业意愿的研究成果，特别是近十年来的文献进行系统详尽的梳理。鉴于多位学者已经对创业意愿的研究进行了较为系统的综述，因此本书主要基于 Liñán 和 Fayolle（2015）与马占杰（2010）的研究综述，对个体创业意愿的相关文献做进一步梳理与补充，具体如下：

根据文献梳理结果，现有针对创业意愿的研究主要有两大分支。第一个分支集中于社会心理学，旨在揭示态度和信念如何过渡到有效行动。该学科的两大代表理论是计划行为理论（Ajzen，1991）和自我效能理论/社会认知理论（Bandura，1986，1997）。其中，计划行为理论已经成为研究创业意愿的最常用社会心理学理论之一。第二个分支集中于创业领域，其中的代表理论为 Shapero（1984）的创业事件理论（EEM）。此外，创业意愿作为职业决策的一种形式，在职业心理学的领域越来越受到重视（赵晓东和吴道友，2008）。学者们也不断尝试将创业与职业心理的研究结合起来，用于解释潜在创业者特别是学生和员工的创业意愿形成机制。职业心理学的研究表明，职业相关的经历与能力对个体的创业意愿有很强的预测效果（Bonesso et al.，2018；Tolentino et al.，2014；梁明辉和易凌峰，2017）。Burton 等（2016）甚至提出，应该将创业视为众多职业中的一种，将职业生涯研究的方法、理论框架引入创业领域来研究创业者职业发展路径。基于以上分析，本书从以下几个视角对创业意愿的影响因素进行总结：

（1）核心创业意愿模型视角。在这一部分，本书主要对计划行为理论、自我效能理论、创业事件理论相关的文献进行总结。基于计划行为理论的研究发现，个体因素如工作经验（Zapkau et al.，2015）、性别（Entrialgo & Iglesias，2016）、价值观（Gorgievski et al.，2018；Karimi et al.，2019）等会影响个体的感知行为控制、创业态度与主观规范，进而影响创业意愿的形成；基于自我效能理论的研究发现，该理论的核心要素——自我效能感，可以通过学习来加强，例如榜样学习（Austin & Nauta，2015；Nowiński & Haddoud，2019；Schmutzler et al.，2019）、创业教育（徐菊和陈德棉，2019）等，同时，自我效能感也受到个体自身因素如个人社会网络关系（Sieger & Minola，2017）、情绪能力（Fernández-Pérez et al.，2019）、创业人格（Roy et al.，2017）、创业激情（Biraglia & Kadile，2016）、认知灵活性（Dheer & Lenartowicz，2019）的影响。创业自我效能感越强，则个体越倾向于创业。基于创业事件理论，研究表明某些特殊事件（如城市化）（林嵩等，2016）会影响个体进入创业领域的倾向，其原因在于特殊事件可能影响个体对创业合意性与可行性的感知（Esfandiar et al.，2019；吉云和白延虎，2018）。

（2）创业生涯理论视角。如前文所述，创业作为一种职业选择，受到职业心理学研究领域的关注。职业因素对创业意愿的影响主要体现在个体相关的职业经历、职业状态与职业能力方面。例如，Mwangi 和 Rotich（2019）以肯尼亚三家公司 394 名员工为样本分析发现，当员工感知即将被裁员时，员工的创业意愿会增强；Tolentino 等（2014）以塞尔维亚 380 名商学院学生为样本分析，结果发现职业相关的能力（如生涯适应力）能够正向预测大学生的创业意愿。

（3）特质视角。尽管"特质论"对创业意愿的解释效度在不确定性环境中越发有限（谷晨等，2019），但研究者发现，拥有某些性格特征的个体的确显示出更高水平的创业倾向。例如，Obschonka 等（2017）以芬兰 523 名高中生为研究对象发现，在早期表现出创业人格（如外向性、开放性）的个体往往拥有更强的创业意向。Roy 等（2017）针对印度 476 名理工科毕业生的研究也表明，乐观、创新等创业人格能够增强个体的创业自我效能感，进而提升个体创业意愿。此外，一些学者还发现，人的精神症状能够预测个体创业意愿（Leung et al.，2020）。

（4）创业教育视角。创业教育对创业意愿的作用尚不明晰。例如，一些研究表明，创业教育能够影响创业认知，例如帮助个体提高创业自我效能感，进而激发个体创业意向（Farashah，2013；徐菊和陈德棉，2019）。但另外有研究认为，创业教育与创业意愿的关系并不明显，甚至有负相关关系（Chen et al.，2013）。

（5）环境与制度视角。环境能塑造个体的认知，进而影响个体对特定事件的态度。Schmutzler 等（2019）对全球创业观察（Global Entrepreneurship Monitor，GEM）数据库中 39 万个观察样本分析发现，相对于集体主义制度的国家，在个人主义制度的国家文化中，个体会表现出更高的创业倾向。谷晨等（2019）基于中国五省份的 1000 份数据的实证分析结果表明，个体对不同创业制度的感知会影响其对风险和机会的评估，进而影响创业决策。Abebe 和 Alvarado（2018）以美国南部 266 名非自愿失业人群为对象进行分析，结果显示对商业环境的积极认知能够显著预测失业个体的自我雇佣意愿。

根据文献梳理，本书绘制了详细的个体创业意愿影响因素的整合框架，如图 2-1 所示。此外，由于本书旨在从职业生涯管理的视角开展创业意愿的研究，因此，本书进一步将近年来从职业生涯管理视角开展的创业意愿研究文献进行梳理，整理结果如表 2-2 所示。可以看到，近年来生涯建构理论、职业认同理论以及 SCCT 理论已经被学者用于解释创业意愿的形成，但研究还有待继续丰富。

```
┌─ 边界条件 ──────────────────────────────────────────────────────┐
│ •个人因素                        •环境因素（如创业事件）          │
│   人口统计特征（如教育、年龄、性别）  •社会网络（如家庭影响、      │
│   性格特质（如主动性人格、特质调节焦点）   创业榜样）             │
│   个体认知与态度（如创业自我效能感、感知风险） •创业教育          │
└──────────────────────────────────────────────────────────────┘
```

┌─ 前因变量 ─────────────────┐   ┌─ 传导机制 ──────────────────┐
│ •个体因素   │   │ •创业事件理论视角   │
│   人口统计特征（如性别、年龄、学历、│   │   合意性感知、可行性感知   │
│   种族、家庭、工作经历、创业经历） │   │ •计划行为理论视角   │
│   个体特质（创业人格如外向性、开放性、│ │   感知行为控制、创业态度、主观规范 │
│   乐观）   │   │ •自我效能感理论视角   │
│   个体认知与态度（如创业态度、创业激情、│ │   创业自我效能感   │
│   认知适应性、认知灵活性、认知偏差） │ │ •创业职业生涯视角   ────────→│ 创业意向 │
│   价值观   │   │   生涯适应力   │
│   健康状况（如注意力缺陷、多动症行为）│ │   创业职业自我效能感、创业结果预期 │
│ •环境因素   │   │   替代学习、社会公信力   │
│   商业环境、制度环境、创业事件 │   │ •个体认知与心理因素   │
│ •社会网络   │   │   风险感知/风险倾向   │
│   创业榜样   │   │   感知机会、创业警觉性   │
│   认识新生创业者   │   │   失败恐惧   │
│   家庭创业影响（如家庭金融支持）│   │   情绪、认知能力   │
│ •创业教育   │   │ •创业能力   │
└───────────────────────────┘   └────────────────────────────┘

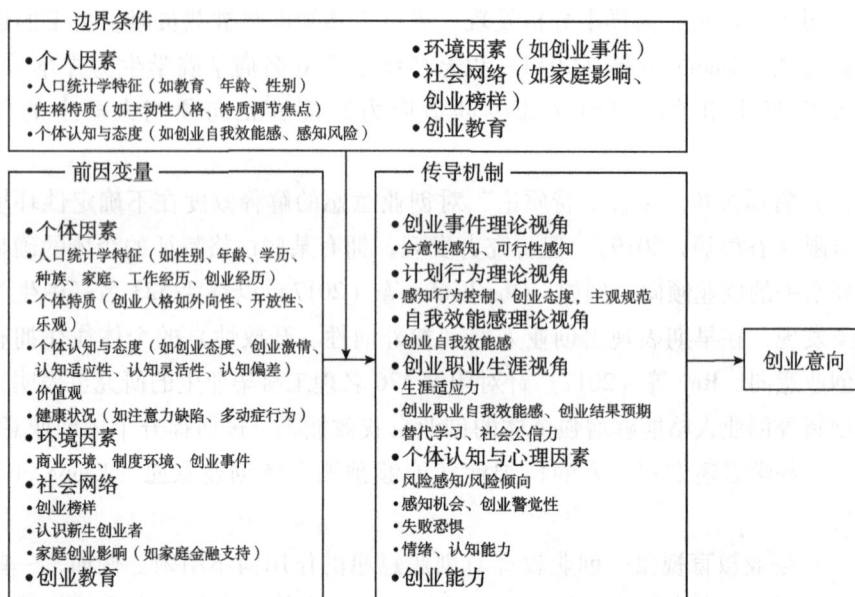

图 2-1　个体创业意愿影响因素研究成果梳理

资料来源：笔者整理文献所得。

表 2-2　基于职业生涯管理视角的个体创业意愿最新研究成果

理论基础	样本来源	自变量	调节变量	中介变量	相关研究者	来源期刊
生涯建构理论	168 名学生、员工等	生涯适应力	社会网络	创业激情	梁祺和王影（2016）	科学学与科学技术管理
	塞尔维亚 380 名商学院学生	生涯适应力	家庭创业影响	创业自我效能感	Tolentino 等（2014）	JVB
	267 名新到德国的难民	自我效能感、风险态度、韧性、	—	生涯适应力、创业警觉性	Obschonka 等（2018）	JVB
职业认同理论	美国南部 266 名失业个体	感知社会地位、商业环境			Abebe 和 Alvarado（2018）	JSBM
SCCT 理论	克罗地亚奥西耶克大学经济系 504 名学生	个人、背景与环境因素、创业自我效能感、创业结果预期		企业家身份渴望	Pfeifer 等（2016）	JSBM
	美国某大学 320 名商科本科生	创业背景、社会支持	—	创业自我效能感、结果预期、创业态度	Liguori 等（2020）	JSBE

续表

理论基础	样本来源	自变量	调节变量	中介变量	相关研究者	来源期刊
SCCT理论	美国公立和私立学校 1026 名学生	创业自我效能感	主观规范	创业结果预期	Santos 和 Liguori（2020）	IEBR
	荷兰 1134 名本科生	性别	—	替代学习、社会公信力	Bloemen-Bekx 等（2019）	ISBJ
	美国中西部一所公立大学的 620 名女大学生	创业榜样、与榜样互动程度	相同性别榜样	创业自我效能感	Austin 和 Nauta（2015）	JCD

注：表中英文期刊缩写含义：ISBJ—International Small Business Journal；JCD—Journal of Career Development；JSBM—Journal of Small Business Management；JVB—Journal of Vocational Behavior；JSBE—Journal of Small Business & Entrepreneurship；IEBR—International Journal of Entrepreneurial Behavior & Research。

资料来源：笔者整理文献所得。

四、农民创业意愿的影响因素研究

目前针对农民创业意愿的研究还比较少，且研究主要关注人口统计学特征、社会网络、政策与金融环境等因素的作用，对农民心理认知方面的分析十分欠缺。在人口统计学方面，戚迪明等（2012）以沈阳市 119 名农民为分析对象，发现农民受教育程度与创业意愿正相关。翟浩森等（2016）以川渝地区 381 户农户为对象，调查发现农民受教育程度、外出务工经历能够正向预测农民科技创业意愿。而农民年龄、性别等因素也会影响其创业的意向（朱红根和康兰媛，2013）；在社会网络方面，农民的社会资本能够提升其创业意愿，例如，一项研究以 17 个省份 644 名农民为样本进行分析，结果发现创业榜样和来自强关系网络的支持均能正向影响农民创业意愿（蒋剑勇和郭红东，2012）。在金融经济环境等方面，彭克强和刘锡良（2016）基于四川省 7158 户农户的经济金融调查数据分析发现，粮食产区农户增收对其非农创业意向具有显著正向作用。翟浩森等（2016）的研究也表明金融服务状况会影响农民科技创业意愿。朱红根和康兰媛（2013）针对江西省 1716 个农民样本的分析发现，良好的金融环境与政策支持会促进农民创业意愿。林嵩等（2016）基于北京市 289 个农民样本，结果发现创业制度环境对农民创业意愿有显著的正向效应。

五、相关研究述评

尽管创业研究领域对创业意愿这一概念的关注由来已久，相应的研究成果也较为丰富，但创业意愿的相关研究仍然存在很大的研究缺口。根据文献梳理，本书对创业意愿的现有研究成果进行概述并总结出以下几点亟待拓展的研究局限：

第一，在创业意愿概念方面，由于目前学界对"创业"的概念尚未统一，因此相应地对创业意愿的概念界定也还不够清晰。例如，一些学者认为，"创业"即指创办新企业，因此，创业意愿表征个体对创办新企业的心理准备（Krueger，1993；Thompson，2009），而 Bird（1988）对创业意愿的概念界定则包含了更广泛的内容，他指出，创业意愿不仅包含建立新企业的目标，同时也包括在现有企业中产出新价值。但根据文献梳理结果发现，由于对创业概念界定的不充分，一些学者在开展相应研究时并未严格划分不同类型的创业意向，这可能导致研究结果的推广具有一定的局限性，例如一些群体可能倾向于创办新企业，而另一些群体则倾向于开展新业务。此外，一些学者将自我雇用与创业视为一致的概念，特别是创新能力较弱的创业者或在创新能力较弱的行业内（如农民创业）。因此，为了进一步深入探讨个体对不同类型创业活动的意愿强度及心理过程，未来研究有必要在特定的研究背景中对创业的概念进行界定。

第二，创业意愿的研究视角还有待拓展。如前文所述，尽管创业意愿的实证研究已经比较丰富，但对创业意愿的探讨所采用的研究视角比较局限。学者们也号召未来研究应该采用更丰富的理论和研究视角来使创业意愿的研究重新焕发活力（Al-Jubari et al.，2019；Liñán & Fayolle，2015）。根据文献整理结果可知，创业生涯管理视角已经成为近年来研究创业意愿与创业行为的一个重要理论分支。基于该视角，学者引入职业生涯管理相关的理论，用于解释学生、员工以及难民等即将面临职业选择的群体创业意愿的形成（Obschonka et al.，2018；Pérez-López et al.，2019）。将创业视为个体职业生涯发展中的一个职业选择，创业意愿则表示个体对创业生涯的兴趣。由此可见，对创业意愿影响因素和形成机制的探讨并未终结，未来创业研究需要借助更丰富的理论视角进一步探索创业意愿的成因。因此，本书引入职业管理的视角来拓展创业意愿的研究。

第三，以本土文化为背景的创业意愿研究还比较欠缺。从文献梳理来看，目前国内针对创业意愿的研究还主要在探讨一般化的影响因素（如社会网络、个体特征等），而较少关注特定文化或本土情境的作用。少数几项研究表明，文化、特定情境以及个体基于文化的价值观是塑造创业意向的重要因素（Shiri et al.，2017；林嵩等，2016），但目前国内学者在整合本土文化与创业意愿这两个研究领域方面还比较欠缺。此外，尽管学者认为农民是中国经济的重要组成部分，农民创业活动对中国创业的速度和形式有深远的影响（Yu et al.，2013；林嵩等，2016），但对农民创业的研究相对还不够充分。因此，本书认为引入具有本土特色的构念以及关注特定的群体，是国内学者开展创业意愿研究的一个值得考虑的方向。

第二节　创业环境支持相关研究

一、创业制度环境相关研究

1. 创业制度环境的概念

制度是引导人们认知、判断、决策和行动的特定行为规则，一般可以分为正式与非正式两类制度（Scott，2008）。一个国家的制度环境反映了该国在各个方面的环境特征，涵盖了包括文化规范、社会知识、规章制度等方面的国家环境。Kostova（1997）根据制度理论学家的观点，将国家层次的制度环境定义为"随着时间的推移而建立、在该国运作并通过人来影响组织的所有相关机构的集合"。他进一步认为，制度环境包含三个维度，即规制、认知与规范。规制制度环境反映了一个国家法律法规，这些规制促进了某些行为并限制了其他行为；认知制度环境反映了一个国家的人们所共有的认知结构和社会知识，这些认知结构通过影响人们的认知程序进而影响人的行为；规范制度环境包括社会规范、价值观、信仰，以及关于人性和人类行为的假设，这些规范是社会共享的。在此基础上，Busenitz 等（2000）指出，创业制度环境是影响创业的一系列国家环境。其中，规制维度指政府和法律法规对创业的支持、为个人创业降低风险以及促进创业者获得资源；认知维度指一个国家的人们所拥有的关于建立、运营新企业的知识与技能；规范维度指人们对创业活动、创新思维的欣赏程度。总体来看，目前学者普遍接受制度环境包含三个维度的观点，并且对每一个维度都有比较清晰的界定，Kostova（1997）与 Busenitz 等（2000）的定义在创业制度环境的研究中被采用得最多。基于以上观点，本书将创业制度环境定义为一个国家或地区在法律法规、社会知识结构以及社会规范等方面的创业环境。

2. 创业制度环境的测量

制度环境普遍被认为是一个多维的构念。一般来讲，通常包括正式（如政府规制、法律约束等）与非正式（如市场、行业形势等）的制度环境（辜孟蕾等，2019；张颖颖和胡海青，2016）。尽管所使用的测量工具不同，但多数学者将创业制度环境分为三个维度，即管制/规制、规范、认知（Kostova，1997；Urbano & Alvarez，2014；程建青等，2019；郭韬等，2017）。此外，一些学者在创业制度三个维度的基础上增加了一些新的维度。例如，倪嘉成和李华晶（2017）提出助力性的制度环境如知识溢出等，构成创业制度环境新的要素。Lim 等（2010）将制度环境分为法律体系、金融体系、教育体系及信任关系。

对创业制度环境的测量目前主要有两种方式：一种是通过二手数据，选择国家政策落实、专利密集度等指标进行测量；另一种是通过问卷调查的形式，询问受访者对创业制度环境各方面的感知。具体包括以下几个方面：

第一，间接测量。间接测量指标的选取还没有统一的标准。学者通常根据制度环境划分的维度选择相应的指标来衡量。例如，倪嘉成和李华晶（2017）对规制维度的测量是通过专家对政策落实的打分；规范维度通过与创业政策相关的词汇搜索量来测量；认知维度通过国内本科大学数量和发明专利受理比例来测量。同样采用间接测量的方式来衡量创业制度环境，但 Urbano 和 Alvarez（2014）通过世界竞争力年鉴（WCY）数据库中商业立法、程序以及风险投资的数据来衡量规制维度；通过职业选择，社会地位和媒体关注度三个指标来衡量规范维度；通过 GEM 数据库中的三个变量来衡量认知维度（技能、对失败的恐惧和了解企业家）。

第二，感知的制度环境。目前大多数关于创业制度环境的研究通过李克特量表测量个体感知的创业制度环境。以下是几个常用的典型量表：

最普遍使用的一个量表是由 Busenitz 等（2000）开发的 13 条目量表，包括规制、规范与认知三个维度。规制维度包括"这个国家的政府组织会帮助个人创业"等 5 个条目，认知维度包括"人们知道如何在法律上保护新企业"等 4 个条目，规范维度包括"企业家在这个国家很受尊敬"等 4 个条目。该量表的信效度在新兴经济体中得到验证（Gupta et al.，2012；Manolova et al.，2008），且在中国本土研究中被广泛借鉴引用（谷晨等，2019；李峰和龙海军，2019；林嵩等，2016；王玲玲等，2017；于晓宇，2013）。

De Clercq 等（2010）同样将创业制度环境划分为三个维度，并从制度约束的角度来考察这一变量。他们在 GEM 问卷的基础上形成一个制度负担量表（Institutional Burden），其中，规制维度包括"在我国，税收的数额并不是新企业的负担"等 4 个条目；规范维度包括"在我国，你经常会在公共媒体上看到关于成功企业家的故事"等 5 个条目；认知维度包括"在我国，许多人都有创业的经验"等 5 个条目。

黄胜和周劲波（2013）在 Busenitz 等（2000）研究的基础上，开发了三个维度的国际创业制度环境量表，包括管制制度环境（6 个条目）、认知制度环境（5 个条目）、规范制度环境（5 个条目），示例题项如："东道国政府放宽了外国投资者获得经营许可证资格。"这一量表在国际创业的研究中被其他学者所借鉴（黄胜和周劲波，2014；张颖颖和胡海青，2016）。

本书将主观评分的几种测量方式整理如表 2-3 所示。根据目前测量创业制度环境最广泛的方式，本书沿用 Busenitz 等（2000）开发的量表来测量这一变量。

表 2-3　感知创业制度环境测量工具整理

相关学者	维度	量表类型	内容（括号内为题项数目）
Busenitz 等（2000）	3	1~5 李克特：完全不同意—完全同意	规制维度（5）、认知维度（4）、规范维度（4）
De Clercq 等（2010）	3	1~5 李克特：完全不同意—完全同意	规制维度（4）、认知维度（5）、规范维度（5）
黄胜和周劲波（2013）	3	1~5 李克特：完全不同意—完全同意	规制维度（6）、认知维度（5）、规范维度（5）

资料来源：笔者整理文献所得。

3. 创业制度环境的作用机制

总体来看，有关创业制度环境作用结果的研究还比较少，特别是以新兴经济体为对象的实证研究。创业制度环境的作用结果主要包括创业意愿（Abebe & Alvarado, 2018；Lin & Si, 2014；林嵩等，2016；谭新雨，2024）、创业决策与行为（Lim et al., 2010；谷晨等，2019）、创业绩效（郭韬等，2017）、公司创业活动与绩效（Gómez-Haro et al., 2011；Shu et al., 2019），以及国家层面的创业活跃度（Stenholm et al., 2013；Urbano & Alvarez, 2014）。在探讨创业制度环境的作用时，一部分学者将这一多维的变量聚合成一个因子来进行整体分析。例如，郭韬等（2017）以 72 个城市的 112 家创业企业为研究对象，发现整体的制度环境通过三种商业模式影响创业企业的经营绩效。林嵩等（2016）也将制度环境作为一个整合的因子，并发现创业制度环境对北京地区农民的创业意向有正向预测作用。目前大多数学者将制度环境作为多维度的变量并分别检测各维度对创业结果的影响。例如，谷晨等（2019）对五省份 1000 份数据进行分析发现，个体对三类创业制度环境（规制、规范与认知）的积极认知均对创业决策有正向影响。类似地，Urbano 和 Alvarez（2014）对 GEM 来自 30 个国家超过 3 万个样本分析发现，有利的创业制度环境——无论哪一个维度都能显著提高个体成为创业者的概率，并且文化认知维度的作用最明显。这一结果与黄胜和周劲波（2013）的研究有相似之处，他们以全球 103 家国际创业企业为研究对象发现，仅认知制度环境能够显著影响国际创业绩效，而管制与规范维度对国际创业绩效均不存在显著作用。

除了直接效应，有关创业制度环境的研究还关注了这一变量的调节作用。总体来看，创业制度环境感知在个体认知/能力与创业活动/绩效间的调节作用是有差异的。黄胜和周劲波（2014）以 112 家国际创业企业为研究对象发现，创业制度环境的三个维度（规制、认知、规范）在企业市场进入模式与创业企业绩效间均有显著的负向调节作用。于晓宇（2013）以来自不同转型经济国家的 177 家新创企业为对象，分析发现创业制度环境正向调节创业企业技术能力与国际创业绩效的关系。此外，与探讨制度环境直接作用的部分研究结论类似，探讨制度环境调节作用的部分研究也表明，三类制度环境分别起不同的调节作用，认知维度与另外两个维度（规范、规制）的调节效应明显不同。De Clercq 等（2010）通过二手数据对创业制度环境的调节作用进行检验，发现国家的社团活动与创业活动之间积极相关，并且规制障碍与规范障碍越大，这种积极关系越明显，但认知障碍越低时，社团活动与创业活动间的正相关关系才越明显。倪嘉成和李华晶（2017）针对全国 27 个省份近两万名科技人员的研究表明，认知制度环境正向调节科技人员创业认知与行为的关系，但规制维度与规范维度的调节作用不显著。

鉴于本书的研究重点在于将创业制度环境作为影响农民创业意愿的前因变量，因此，根据上述文献回顾，本书将创业制度环境作为自变量的相关研究总结如表 2-4 所示。

为了更直观地展示创业制度环境作为前因变量的主要研究成果，本书从个人、组织和国家三个层面对相关文献进行整理，并进一步绘制了直观的制度环境研究的整合框架，如图 2-2 所示。

表 2-4 创业制度环境作为自变量的研究

中介变量	结果变量	研究者
风险认知	创业决策	谷晨等（2019）
—	创业活跃度	程建青等（2019）
商业模式	创业企业绩效	郭韬等（2017）
—	创业倾向	林嵩等（2016）
—	国际创业绩效	黄胜和周劲波（2013）
创业效能感、创业激情、创业机会认知	创业意愿	谭新雨（2024）
创业导向、战略更新	公司绩效	Shu 等（2019）
—	自我雇佣意愿	Abebe 和 Alvarado（2018）
—	创业意向	Lin 和 Si（2014）
—	创业活动	Urbano 和 Alvarez（2014）
—	创业活动速度、类型	Stenholm 等（2013）
创业导向	公司创业活动	Gómez-Haro 等（2011）
认知脚本	创业决策	Lim 等（2010）

资料来源：笔者整理文献所得。

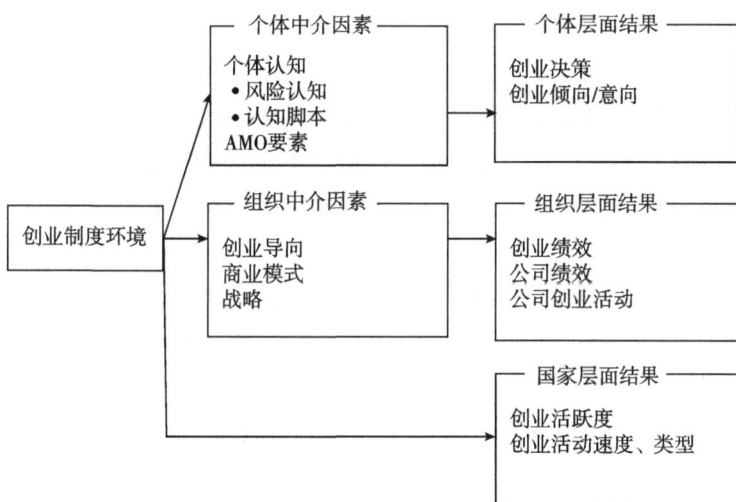

图 2-2 创业制度环境作为自变量的研究成果梳理

资料来源：笔者整理文献所得。

二、家庭创业支持相关研究

1. 家庭创业支持的概念

家庭支持的概念来自社会支持。社会支持是一个多维的概念（Zimet et al.，1988），包括来自不同关系网络的支持，同时还包括不同方面的支持（结构性和功能性）。结构性是指正式和非正式支持，如个人的社会网络规模、与网络成员接触的频率、支持的质量等；功能性是指个体对支持者提供帮助的感知，如情感支持、物质支持等（Tonsing et al.，2012）。无论是接受的支持还是感知的支持，社会支持是作为一种环境变量影响着个体的幸福感与职业发展（Han & Rojewski，2015；Tian & Fan，2014）。

King 等（1995）将家庭支持定义为"家庭成员为个人提供的情感性的或工具性的支持"，它属于社会支持中的一种。尽管多数学者关注的是一般化的社会支持，但本书认为，对个体的支持应该与特定的领域和背景联系起来。例如，父母在子女职业选择时，并非对所有决策都持支持态度，对一些风险大、危险系数高的职业可能持反对态度。因此，本书提出家庭创业支持这一要素，并将其定义为：家庭核心成员对个体进行创业相关活动以及创业选择的支持，包括有形（财务等）与无形（情感等）的支持。

2. 家庭创业支持的测量

关于家庭支持的研究主要集中于健康医疗领域、职业生涯管理以及工作—家庭关系，相应地在不同领域发展形成了侧重点不同的家庭支持量表。本书主要针对职业生涯管理、工作—家庭关系以及创业领域的研究所用的量表进行总结，具体如下：

King 等（1995）开发了一个工作情境下的家庭支持量表，共 44 个条目，包括情感性寄托与工具性支持两个维度。其中，情感性寄托包括"当我在工作中取得成功时，家人会为我感到自豪"等 29 个条目；工具性支持包括"当我一周工作特别忙时，家人会尽量分担更多家务"等 15 个条目。该量表在以员工为对象的研究中表现出较好的信效度。

在职业生涯管理研究领域，Zimet 等（1988）开发的社会支持感知量表（the Multidimensional Scale of Perceived Social Support，MSPSS）被广泛采用（Tian & Fan，2014；Creed et al.，2009）。该量表共三个维度，分别测量来自三个不同群体的支持：家人、朋友和重要他人。家庭支持是其中的一个分维度，包含"我的家人会尽力帮助我"等4个条目。MSPSS量表的分维度和整体量表在很多研究中都被证明具有较高的信效度。此外，Turner 等（2003）开发了父母职业支持量表，用于测量父母对青少年在培养职业自我效能感方面的支持程度。共包含四个方面的支持，即情感支持、言语鼓励、职业建模和工具性辅助。示例条目如"我的父母会教我一些在未来工作中可能用到的东西"。该量表在学生样本的信效度已经得到证明（Raque-Bogdan et al.，2013）。

此外，根据已有研究基础，Shen 等（2017）整合了一个四条目的家庭支持量表，用于测量特定的创业情境下的家庭支持。包括"我的家庭成员会支持我的创业行动"等4个条目。

本书将家庭支持的主要测量工具整理如表2-5所示。总体来看，家庭支持作为单独构念的测量工具很少，具体到创业领域的测量工具则更加缺乏。

表 2-5　感知家庭支持测量工具整理汇总

相关学者	维度	量表类型	内容（括号内为题项数目）
King 等（1995）	2	1~5李克特：完全不同意—完全同意	情感性寄托（29）、工具性支持（15）
Turner 等（2003）	4	1~5李克特：完全不同意—完全同意	情感支持（7）、言语鼓励（6）、职业建模（7）、工具性辅助（7）
Zimet 等（1988）	1	1~5李克特：完全不同意—完全同意	（4）
Shen 等（2017）	1	1~7李克特：完全不同意—完全同意	（4）

资料来源：笔者整理文献所得。

3. 家庭支持的作用机制

在梳理家庭支持的作用结果时，本书主要从组织行为与职业发展、工作—家庭关系以及创业管理等领域进行整理。总的来说，家庭支持作为一项关键的社会资源，能够促进一系列职业与生活的积极结果。首先，在组织行为与职业发展领域，家庭支持能够影响个体职业情绪与认知（楚啸原等，2019；徐速，2011），帮助员工更好地应对工作内与工作外的角色要求（马灿等，2020），提高工作满意度（Han & Rojewski，2015），降低离职倾向（Huffman et al.，2014）。例如，Tian 和 Fan（2014）以中国山东431名学生护士为对象，并选择社会支持中的家庭支持维度作为环境变量，分析发现家庭支持能够正向预测学生护士的生涯适应力。其次，在家庭关系方面，家庭支持能够帮助个体履行好家庭义务，平衡家庭—工作关系（费小兰等，2017），进而提高家庭满意度（Boyar et al.，2014）。例如，Russo 等（2016）以三类不同的样本（学生、工业产业员工、医疗产业员工）为对象的研究发现，家庭支持能够促进员工工作—家庭平衡，进而影响员工在工作中的积极体验。此外，家庭支持对个体职业动机和职业选择也会产生影响。在创业研究领域，来自家庭的情感性与工具性支持会增加个体机会型的创业动机（董静和赵策，2019），并能提升个体的创业意愿（Shen et al.，2017）。

由于本书对家庭支持的探讨主要关注其作为自变量的作用，因此，将相关研究总结如表 2-6 所示。

表 2-6　家庭支持作为自变量的研究

中介变量	结果变量	研究者
工作投入	员工创新行为	马灿等（2020）
—	农民创业动机	董静和赵策（2019）
—	一般自我效能感	楚啸原等（2019）
—	儿童学业情绪	徐速（2011）
—	创业意向	Shen 等（2017）
工作—家庭平衡	工作正能量	Russo 等（2016）
生涯适应力	工作满意度	Han 和 Rojewski（2015）
工作—家庭冲突、工作满意度	离职倾向	Huffman 等（2014）
—	家庭满意度	Boyar 等（2014）
—	生涯适应力	Tian 和 Fan（2014）

资料来源：笔者整理文献所得。

同样地，为了更直观地展示家庭支持的相关研究成果，本书根据文献梳理结果绘制了家庭支持作为自变量的研究整合框架，如图 2-3 所示。

总体而言，环境因素虽然一直以来在创业研究中受到重视，但是对制度环境和家庭支持的实证研究还较少。基于文献梳理，本书提出以下两点现有研究的不足之处，以及本书可以进一步拓展的方向。

第一，尽管制度环境对转型经济体中的创业活动有重要影响，但以转型经济国家为背景开展的创业制度环境研究还十分缺乏，对制度环境影响创业活动的作用机制尚不明确。因此，探讨制度环境影响创业活动的过程机制和边界条件是未

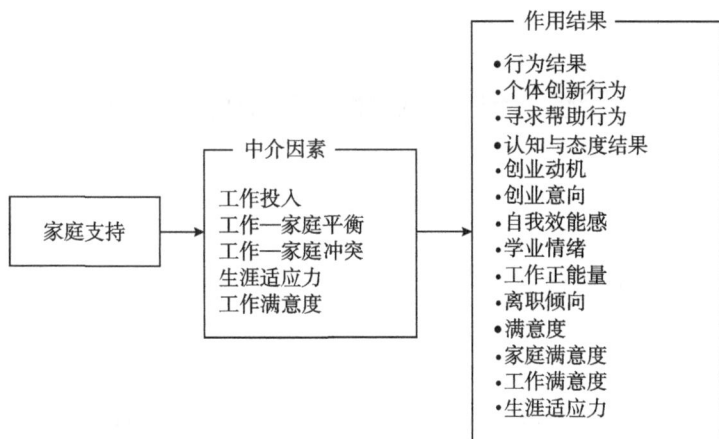

图 2-3 家庭支持作为自变量的研究成果梳理

资料来源：笔者整理文献所得。

来创业制度环境研究的重要内容。此外，从文献梳理也可以看出，制度环境作为一种文化背景，能够调节个体创业认知与创业行为的关系（倪嘉成和李华晶，2017）。从这个角度来看，在探讨"认知—创业"关系的研究中，可以引入个体对创业制度环境的感知，并讨论制度环境如何调节个体认知，进而引导其创业态度和行为的产生。

第二，在本土文化情境中深入探讨家庭支持对个体创业行为和态度的影响。目前，将家庭支持作为单独变量的研究集中在组织行为领域、职业生涯管理领域以及医学领域，创业领域虽然强调了支持性环境的重要作用（Liguori et al.，2020），但关注家庭支持与创业过程关系的研究仍十分缺乏。类似中国这样具有"家"文化的国家，家庭支持可能是个人选择创业生涯的一个重要影响因素，未来探讨"环境因素—个体创业生涯"关系的研究可以尝试从这一视角拓展现有知识。Shen 等（2017）以为学生样本的研究发现，家庭支持是促进学生创业意愿的一个重要社会资源，因为家庭能够为学生提供物质和情感的支持。借鉴这一研究思路，未来可以通过其他的样本，特别是自身资源受限的群体以及与家庭连带关系紧密的群体（例如，家族企业继承人），进一步检验家庭支持对创业活动的影响。

第三节 创业心理与认知相关研究

一、面子意识相关研究

1. 面子意识的概念

"面子"是中国人耳熟能详的一个词语。有学者认为，面子不仅是一个中国特有的概念，其实它还普遍存在于人类社会之中（Ho，1976）。这是因为人们通常会关心别人的意见，希望别人对他们有一个良好的社会评价（Ting-Toomey & Kurogi，1998）。从现有文献来看，尽管目前对面子概念与内涵的界定还存在一部分不一致，但学者在定义面子时，普遍将面子与个人尊严、地位、声望、财富、社会规范等联系起来，认为面子是个体在与他人的社会交往中主张的积极正面的社会价值，也是他人依据该个体的行为而认为其具有的社会价值（赵卓嘉，2009）。Leung 和 Chan（2003）则将面子定义为"个人因其社会实践和成就而获得的尊敬、尊严和自豪"。需要强调的是，面子虽然代表尊严，但与自尊属于不同的概念范畴。面子是一个社会互动的产物，受到自身行为以及他人行为的影响（Brunner & You，1988），而自尊则以自我评价为核心，侧重于个体对自身的看法（成中英，2006；周美伶和何友晖，1993）。

中国人的面子观隐含着人际关系和社会取向两种交往模式，即"脸"（Lien）和"面"（Mien-zu）（Cheung et al.，2008）。脸代表的是面子的道德层面，而面代表的是社会层面（Brunner & You，1988；Zhang et al.，2011a）。面子的道德层面代表"社会对一个人道德品质的信心"（Leung & Chan，2003），而面子的社会层面是由成功、更高的社会等级和炫耀行为所带来的声望、荣誉和尊重感（Brunner & You，1988；Ho，1976；Hu，1944）。目前，大多数学者重点关注面子的社会层面。

此外，人们对面子的感知包含积极感知和消极感知两个方面，分别对应面子的得（有面子、挣面子）与失（没面子、丢面子）（Kim & Nam，1998；Zhang et al.，2011a；赵卓嘉，2010；Chou，1996）。在社会生活中，人们对面子的感知和需要程度是不同的。人们一方面试图在人际交往中保持或强化自己的面子；

同时，人们也会竭力保护自己的社会地位和尊严，避免失去面子（Bao et al.，2003）。这两种对面子的不同需求（陈之昭，2006）也被称为面子倾向（Chou，1996）或面子意识（Bao et al.，2003；Zhang et al.，2011a）。Chou（1996）认为，对面子的需要是一种相对稳定的性格特征。要面子和护面子并非截然相反的，而是独立存在于个体性格体系中，并在一定程度上决定了个体后续的不同感受和行为反应（赵卓嘉，2010）。

　　总体而言，针对面子的概念，学者一致认为面子包含了道德与社会两个层面。针对社会层面的面子，学者基本形成两种主要观点，一种观点认为面子是一种相互的尊重、地位与荣誉，是由他人看法而形成的社会地位的缩影，而另一种观点认为面子是个体自身在与他人交往过程中的一种心理感受。无论是社会地位的反映还是个体心理感受，这两种观点都表明，面子以及面子意识是一种社会互动的产物，是个体或他人对自身社会地位的一种看法。基于以上陈述，本书主要结合 Ho（1976）与 Bao 等（2003）的研究，认为面子意识是人们在与他人的社会互动中，对增进面子和避免丢面子的心理需要。本书主要关注面子的社会层面。

　　2. 面子意识的测量

　　目前，有关面子意识的测量主要包括单维量表、二维量表与多维量表，具体来说，有以下几种方式：

　　第一，在单维量表方面，Cheung 等（1996）开发了包含 510 个题项的中国人个性评估量表（the Chinese Personality Assessment Inventory，CPAI），该量表共包含 22 类中国人特有的人格特点，如"务实""家庭导向""人情（或关系导向）"等。一些学者（Zhang et al.，2011b）采用其中的面子子维度来测量个体的面子观，并验证了该维度的可靠性，示例题项如"我通常对自己的穿着很挑剔，因为我不想让别人瞧不起我"。Chan 等（2009）在整合前人研究（Cocroft & Ting-Toomey，1994；White et al.，2004）的基础上，形成一个单维的关注面子量表（Concern for Face，CFF），用于测量个体的面子意识强度。该量表共 6 个条目，示例题项如"如果我在公共场合受到批评，我会很难过"。此外，有学者针对特定的研究目的和群体，开发了专门的测量工具。Bao 等（2003）开发了针对消费者的面子意识量表。该量表共包含 4 个条目，示例题项如"其他人喜欢我购买的产品和品牌是很重要的"。

　　第二，二维面子量表的两个维度通常对应面子的得与失。例如，被广泛应用的面子需要量表（陈之昭，2006）和争护面子倾向量表（Chou，1996），均包含了面子观的正负向感知。陈之昭的面子需要量表共包含 40 个条目，包括"爱面子"和"薄面皮"的测量内容。由 Chou（1996）开发的争护面子倾向量表共包含 50 个条目。该量表在多项实证研究中被证实其有效性（张正林和庄贵军，2008；陈昊等，2016）。除陈之昭和周美伶编制的测量工具外，Zhang 等（2011a）编制的社会面子意识量表也是目前被广泛采用的两维度量表。该量表的信度和效度在中国人面子观的相关实证研究中已经得到广泛验证（杜伟宇和许伟清，2014；雷霁和唐宁玉，2015；张新安，2012；张敏，2013；王艳子等，2016）。量表共 11 个条目，其中，想要面子维度共 6 个条目，示例题项如"我希望在别人看来，我比大多数人都过得好"；怕丢面子维度共 5 个条目，示例题项如"如果我的工作单位不好，我会尽量不向其他人提起"。

Huang 等（2011）在前人研究的基础上，整合了两个维度的面子倾向量表。其中，挣面子（Face Gaining）与特定的知识分享情境相关，包含 2 个条目："与同事分享知识会让我有面子""我想公开分享我的知识，因为这会使我有面子"；护面子维度（Face Saving）包含 3 个条目："我很注意别人对我的看法""我通常对自己的穿着很挑剔，因为我不想让别人瞧不起我""当别人拒绝我的好意时，我感到丢脸"。

此外，一些学者在研究中仅关注个体对面子的负向感知。即面临可能丢面子的事件或情境而感知到的压力。例如，常涛等（2014）整合了一个 8 条目的面子压力量表，包括能力压力面子和自主压力面子两个维度，示例题项如"在这一类问题的争论中落败，自己的工作能力会受到大家的质疑"。

第三，部分学者也采用多维量表来测量面子这一构念。宝贡敏和赵卓嘉（2009）根据面子来源的不同，开发了三个维度的面子需要量表，包括能力性面子需要（20 个条目）、关系性面子需要（8 个条目）、道德性面子需要（7 个条目）。量表通过描述一系列面子事件，测量受访者对事件的看法及敏感性，通过得分值预测个体对面子需要的程度。但该量表的信度和效度还未得到充分验证。Leung 和 Chan（2003）开发了 14 个条目的面子功夫（Face Work）量表。该量表包含 4 个维度。互惠维度的示例题项如"直接评论他人的见解会使对方丢面子"；响应维度的示例题项如"不周到地拒绝他人会使对方丢面子"；尊重维度的示例题项如"尊重和周到会提高我们自己的面子"；声誉维度的示例题项如"捐赠可以提高自己的面子"。该量表更侧重于测量个体对面子事件或情境的感知，而非个体自身对面子的需要。

本书将代表性的面子意识测量工具整理如表 2-3 所示。总体而言，大部分学者采用两维度的测量工具。其中，陈之昭（2006）、Chou（1996）以及 Zhang 等

（2011a）编制的测量工具被广泛采用，且具有较好的信度和效度。相比之下，Zhang 等（2011a）编制的测量工具题目相对较少，且外部有效性已经得到检验。因此，本书采用 Zhang 等（2011a）编制的面子意识量表。

表2-7 面子意识测量工具整理汇总

相关学者	维度	量表特征	量表类型	各维度内容（题项数目）
Cheung 等（1996）	1	中国人人格评估量表（Chinese Personality Assessment Inventory，CPAI）中的子量表	1~5李克特：非常不同意—非常同意	面子
Bao 等（2003）	1	专门针对消费者的面子意识（Face Consciousness）	1~7李克特：非常不同意—非常同意	面子意识（4）
Chan 等（2009）	1	整合前人研究形成的关注面子（Concern for Face，CFF）	1~10李克特：非常不同意—非常同意	关注面子（6）
Chou（1996）	2	争护面子倾向（Protective and Acquisitive Face Orientation Questionnaire）	1~5李克特：非常不同意—非常同意	争面子（25）护面子（25）
陈之昭（2006）	2	面子需要	1~5李克特：非常不同意—非常同意	爱面子（20）薄面皮（20）
Huang 等（2011）	2	针对知识分享情境的面子量表（Face Gaining 与 Face Saving）	1~7李克特：非常不同意—非常同意	挣面子（2）护面子（3）
Zhang 等（2011a）	2	社会面子意识（Desire to Gain Face Versus Fear of Losing Face）	1~7李克特：非常不同意—非常同意	想要面子（6）怕丢面子（5）
常涛等（2014）	2	只关注负向的面子感知，即面子威胁或称面子压力	1~6李克特：非常不同意—非常同意	能力面子压力（4）自主面子压力（4）
宝贡敏和赵卓嘉，（2009）	3	根据面子的来源开发形成	1~5李克特：完全没有影响—影响极大	能力性面子需要（20）关系性面子需要（7）道德性面子需要（8）
Leung 和 Chan（2003）	4	面子功夫（Face Work）	1~7李克特：非常不同意—非常同意	互惠（4）、响应（3）尊重（4）、声誉（3）

资料来源：笔者整理文献所得。

3. 面子意识的作用机制

对面子的研究目前在社会学和心理学领域较多。社会学领域主要关注面子的内涵与定义，心理学则关注个体面子意识与面子倾向对其行为的影响。总体来看，针对面子意识的研究主要集中在消费者行为研究、个体创造力研究两方面。在创业领域中，面子意识的研究还很少，梳理现有研究具体如下：

第一，面子意识与消费者行为意愿。面子意识在消费者行为意愿研究领域的应用相对较多，也有效解释了跨文化消费者的购买意愿与行为是如何形成的。Bao 等（2003）通过采用美国与中国消费者的样本研究发现，面子意识对不同文化背景下的消费者决策风格均有显著影响。为了维护或增加面子，消费者愿意花更多的钱够买那些受朋友欢迎的品牌。Chan 等（2009）以亚洲和欧洲消费者为对象研究发现，面子意识与消费者对服务失败的不满意程度显著相关。并且当这种服务失败会带来社会性损失（即损失尊严、地位等）时，亚洲消费者相对欧洲消费者会表现出更高的不满。此外，学者还发现，面子意识与消费者对特定产品的购买意愿有关。例如，张新安（2012）以 338 名业余制 MBA 学生为样本进行研究，发现中国人面子观中的"想要面子"和"怕掉面子"均能预测消费者炫耀性奢侈品消费行为；类似地，杜伟宇和许伟清（2014）以上海某高校 130 名 MBA 学生为对象进行实验，分析发现面子意识对炫耀性产品购买意愿具有积极影响。

第二，面子意识与员工行为、员工创造力。张敏（2013）通过情境实验，以 179 名实验对象为样本进行分析，发现面子意识中的"想要面子"维度对个体创新行为有显著的积极作用。雷霁和唐宁玉（2015）以 362 名员工作为研究对象，发现越害怕丢面子的员工越不愿意寻求帮助。此外，一些学者针对面子意识对员工创造力的作用机制进行了探索。雷霁（2016）以 250 套领导—员工匹配的样本进行分析发现，"想要面子"和"怕丢面子"的维度均能提高员工寻求反馈的积极性，并进一步提升员工创造力。王国保（2014）以河南 592 名企业员工为对象进行分析发现，个体"想要面子"的意识通过知识共享行为对创造力发挥正向作用，"怕丢面子"的意识通过知识共享行为对创造力发挥负向作用。

第三，面子意识与创业。面子意识在创业领域的实证研究极少。史达（2011）以辽宁省 680 名高校大学生为样本进行分析发现，"有面子"维度正向影响个体的创业态度，而"丢面子"维度负向影响个体的创业态度。此外，尽管缺少直接探讨面子意识与创业关系的研究，但是通过其他替代变量的间接研究也表明，个体的面子观会影响其创业态度。Begley 和 Tan（2001）研究了 6 个东亚国家（泰国、韩国等）以及 4 个英语国家（澳大利亚、加拿大等）的创业情况，发现企业家社会地位是一种"有面子"的体现，会激发个体对创业的兴趣，而生意失败会使人感到"丢面子"和羞耻感，进而抑制个人的创业兴趣，这种面子意识与创业的关系在东亚文化中的表现较西方国家更为明显。本书将面子意识作为前因变量的相关研究整理在表 2-8 中。

表 2-8 面子意识的相关实证研究

自变量	中介变量	结果变量	研究者
争护面子倾向	—	冲动购买	张正林和庄贵军（2008）
面子意识	—	消费者决策风格	Bao 等（2003）
关注面子	—	消费者容忍度	Chan 等（2009）
社会面子意识	—	炫耀性奢侈品消费行为	张新安（2012）
社会面子意识	—	炫耀性产品购买意愿	杜伟宇和许伟清（2014）
面子意识	—	绿色产品购买意向	于春玲等（2019）
面子意识	—	主观幸福感	Zhang 等（2011b）
社会面子意识	—	个体创新行为	张敏（2013）
社会面子意识	—	寻求帮助行为	雷霆和唐宁玉（2015）
面子观（面子意识）	反馈寻求行为	员工创造力	雷霆（2016）
面子意识	知识共享行为	员工创造力	王国保（2014）
面子倾向	—	员工信息安全制度遵守行为意愿	陈昊等（2016）
感知面子威胁	冲突处理模式	团队创造力	赵卓嘉（2009）
面子压力	—	员工创造力	常涛等（2014）
能力面子压力	—	员工创造力	李召敏和赵曙明（2018）
能力面子压力	—	员工创造力	马蓓等（2018）
面子	—	创业态度	史达（2011）
面子感知	—	创业兴趣	Begley 和 Tan（2001）

资料来源：笔者整理文献所得。

根据文献梳理，本书进一步绘制了更为直观的面子意识研究整合框架，如图 2-4 所示。

尽管诸多学者指出亚洲文化中面子意识对个体行为具有导向作用（Bao et al.，2003；Chou，1996；史达，2011），且研究验证了面子意识与中国消费者行为、员工行为的紧密关系。但相对于这一概念在现实生活中的普遍性，其在学术界得到的关注还远远不够。根据文献梳理，本书总结了以下三点值得进一步探讨的研究方向：

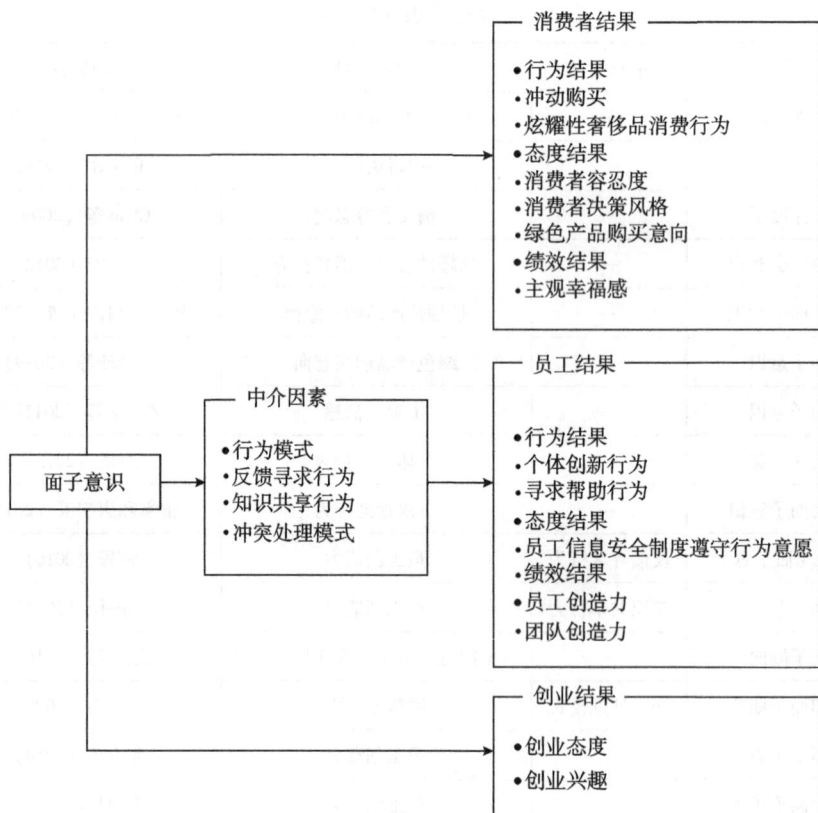

图 2-4　面子意识研究成果梳理

资料来源：笔者整理文献所得。

第一，面子意识与个体行为之间的作用机制还未得到充分探索。相关实证研究的文献梳理结果表明，虽然"面子"被视为中国人一个典型的文化概念，但针对面子意识的实证研究还非常少。尤其可以看到，目前的研究主要关注的是面子对个体行为的直接作用，对面子意识如何影响个体行为的过程机制探讨还不够。因此，未来研究有必要进一步探讨面子意识与个体行为倾向的中介效应。例如，得到面子和失去面子分别与不同的情绪相联系，得面子更容易使人体验如高兴、愉悦等积极情绪，而丢面子更容易导致焦虑、生气、沮丧等消极情绪（朱瑞玲，1987）。因此，不同的面子意识可能通过影响个体情绪，进一步诱导个体不同的行为结果。然而，目前似乎还没有学者关注情绪在面子意识与个体行为之间的传导效应。此外，想要面子的个体渴望自己有所成就，以及获得他人的赞赏，因此他们往往更积极主动地表现自己，而怕丢面子的个体为了保全面子，更倾向于保守的风险较小的行动（Chou，1996）。由此，与主动性积极性相关的变量（如工作调节焦点）可能也是面子意识与个体行为之间的重要中介因素。总之，鉴于面子意识研究中中介效应探讨的不足，未来有必要拓展这一研究方向。

第二，拓展面子意识的研究领域。目前对面子意识的实证研究集中在员工行为和消费者行为两个领域，对面子意识在其他研究方向（如领导行为、创业者行为、学生学习行为）的作用关注较少。然而，一些研究表明，面子意识也能够影响学生的课堂行为如反馈寻求（Hwang et al.，2003），以及个体对创业的态度和兴趣（Begley & Tan，2001；史达，2011）。正如前文提到，面子意识是在亚洲文化中一种十分普遍的存在，对个体的影响可能表现在方方面面，因此未来应在更广泛的研究领域中引入面子意识来解释中国人的态度和行为。例如，在高管和创业者研究中，引入面子意识来解释高管/创业者创业导向的形成，因为如前文所述，想要面子和怕丢面子可能影响个体对风险的态度。此外，本书认为在职业生涯管理领域，探讨不同的面子观是否会影响个体的职业选择也是一个有趣的研究方向。

第三，丰富面子作为调节变量的研究。面子作为一种相对比较稳定的个人性格特征（于春玲等，2019），在已有的研究中多数被作为自变量或中介变量来进行探讨，未来可以尝试更多探讨其调节作用。例如，在探讨环境因素对个体创业活动的影响时，可以将个体面子意识作为调节变量，研究环境和面子观的交互作用如何影响个体进一步的创业决策和行为。具体而言，一些研究表明，在鼓励创业并且赞赏企业家精神的情境中，个体更有可能具有高水平的创业意愿（Manolova et al.，2008；林嵩等，2016），此时如果将个体的面子意识纳入研究中，想要面子的个体是否对支持性的创业环境更为敏感，进而表现出更强的创业意愿，而怕丢面子的个体由于害怕失败的风险，是否在鼓励创业的环境下也不太愿意创业，未来可以从这一角度进一步拓展环境对个体创业活动的影响机制研究。总而言之，由于不同的面子意识对个体行为的作用机制是有差别的（Zhang et al.，2011a），因此，将面子意识作为"环境输入—个体行为"的边界条件是有一定研究意义的。

二、优柔寡断相关研究

1. 优柔寡断的概念

优柔寡断（Indecisiveness）的定义比较明确，目前主要有以下几个代表性的定义：Crites（1969）指出，优柔寡断的个体是指那些无论决策的重要性如何，似乎都难以做出任何决定的人；Osipow（1999）对优柔寡断的定义更加深入，他指出长期的或普遍的优柔寡断是个人的一种性格特征，表现在个人在其生活的任何方面都难以做出决定；类似地，Germeijs 和 De Boeck（2002）也认为优柔寡断是一种个体特质，指不管决策的重要性如何，个体长期在跨领域做出决策时表现出困难，其特征是决策拖延、决策不确定性、决策不稳定性、决策不情愿、决策回避和决策后担忧等；Rassin（2007）将优柔寡断定义为个体经历的普遍的决策困难；Savickas（2004）指出，优柔寡断的人，其特点是长期焦虑和缺乏解决问题的能力。综上所述，优柔寡断通常与自我调节不足有关，伴随着不确定性、拖延、决策失败或放弃决策等特点（熊红星和郑雪，2011）。本书综合学者们的观点，认为优柔寡断是一种较稳定的个人特质，表现为长期性的在做出任何决定时都感到困难和焦虑。

2. 优柔寡断的测量

优柔寡断的程度主要通过测量个体对决策的行为表现来反映，例如通过提出一系列与决策相关的问题，个体回答在多大程度上为"我不知道"（Rassin & Muris，2005a）或"不能决定"（Jackson et al.，1999）来评估个体的优柔寡断。具体有以下几套具有代表性的测量工具。

Frost 和 Show（1993）开发的优柔寡断量表（the Indecisiveness Scale，IS）使用最广泛，且表现出较高的可靠性。该量表最初只有一个维度，共 15 个条目。示例条目包括："我做决定时会变得焦虑""我常常担心做出错误的选择"。在 IS 量表的基础上，Rassin 等（2007）根据因子分析和项目内容分析结果删除了其中 4 个条目，从而形成一个较简短的量表。随后，众多学者根据各自的研究结果，将该量表进一步划分为两个因素（Spunt et al.，2009）和三个因素（Patalano & Wengrowitz，2006）。但目前，大多数研究将该量表作为单因素量表来使用（Taillefer et al.，2016）。

Germeijs 和 De Boeck（2002）开发的优柔寡断量表也被学者广泛引用（Kokkoris et al.，2019；Lo Cascio et al.，2016）。该量表共包含 22 个条目，示例题项包括："我很难做出决定""我不知道如何做决定"等。

此外，一些学者开发了职业决策相关的量表，其中包含了优柔寡断的内容。例如，Gati 等（1996）开发的职业决策困难量表（Career Decision-Making Difficulties Questionnaire，CDDQ）中，优柔寡断是个体在作决策前缺乏准备性的一个方面，包含 4 个条目："普遍的做决定困难""普遍需要对决策的确认和支持"

"普遍的逃避承诺倾向""普遍的对失败恐惧"。整体量表与各维度的信效度在中国样本中已经得到检验（刘长江等，2006）。Chartrand 等（1990）开发的职业因素量表用于测量个体职业决策的犹豫不决。其中，个人情感因素方面，一般化的优柔寡断是导致职业犹豫不决的一个维度，包括 5 个条目，示例题项如"对我来说，做决定似乎很容易""我做大部分决定时很快"。

优柔寡断的测量方式整理如表 2-9 所示。总体来看，在测量工具方面，由于目前的测量工具还比较少，因此在使用时也不存在较大的分歧，但这些研究工具都是基于西方文化背景开发形成的，在中国本土情境中还未得到有效验证。为了简化问卷，本书使用 Gati 等（1996）开发的职业决策困难量表（CDDQ）中的优柔寡断子量表。

表 2-9　优柔寡断测量工具整理汇总

相关学者	维度	量表类型	内容（括号内为题项数目）
Frost 和 Show（1993）	1	1~5 李克特：非常不同意—非常同意	（15）
Germeijs 和 De Boeck（2002）	1	0~6 李克特：非常不同意—非常同意	（22）
Gati 等（1996）	1	1~9 李克特：描述得不像我—很好地描述了我	职业决策困难量表中的一个维度（4）
Chartrand 等（1990）	1	1~5 李克特：容易—困难	职业因素量表中的一个维度（5）

资料来源：笔者整理文献所得。

3. 优柔寡断的作用结果

优柔寡断的结果普遍是消极的，因为优柔寡断程度高的个体在很多情况下都难以做出决定，例如选择课程、选择职业或是一些日常决策（Gati et al.，1996；Germeijs & De Boeck，2002）。总的来看，优柔寡断的相关研究还比较少，且主要集中于探讨该构念与生涯未决（Career Indecision）的差异（Di Fabio et al.，2013），优柔寡断与决策质量的关系（Germeijs & De Boeck，2002；Santos et al.，2014），或研究优柔寡断的前因变量（Di Fabio & Palazzeschi，2013；Kokkoris et al.，2019；Lo Cascio et al.，2016）。近年来有关优柔寡断作用结果的研究还十分缺乏。根据本书研究目的，将优柔寡断作为前因变量的文献梳理如下：

Patalano 和 Wengrovitz（2007）通过模拟并追踪一个为期 5 天的大学课程选

择，发现果断的个体会根据丢失课程的风险来调整决策时间，而优柔寡断的个体并没有表现出有规律的决策延迟，它们的延迟行为可能更显著地表现为对风险的忽视；Sautua（2017）通过实验室实验发现，优柔寡断的个体更容易表现出选择惰性，当个体难以做出决策时，个体倾向于维持原有的选择状态；Taillefer 等（2016）以多伦多某大学社区 88 名被试者为对象分析发现，在控制了焦虑、抑郁和强迫症等因素之后，个体的优柔寡断对其生活质量有显著的负向预测效果。

总体来看，优柔寡断这一概念在职业决策相关的研究中使用较多，且定义比较明确，但是在创业领域几乎没有学者用这一概念解释个体的创业决策，这表明在创业领域中引入这一概念将在一定限度上弥补现有创业决策研究的缺口。如前文所述，因为优柔寡断通常伴随着决策拖延、失败或放弃决策等特点（熊红星和郑雪，2011），从而会显著影响个体决策质量甚至生活质量（Taillefer et al.，2016），这一概念在职业决策研究领域已经得到一定的关注，例如选择课程、选择职业或是日常决策（Gati et al.，1996；Germeijs & De Boeck，2002）。创业过程包含较为复杂的决策，例如对行业和创业形式的决策（刘新智和刘雨松，2015）。尽管如此，目前优柔寡断这一概念在创业决策中几乎没有被考虑到。因此，本书认为，在涉及复杂决策的创业研究中，考虑个体优柔寡断的程度，能够有助于理解创业决策的过程和结果。举例来说，依据近年来越来越多的研究从职业生涯的视角来解析创业过程（Burton et al.，2016，Liguori et al.，2020），创业可以视为一种职业决策。由此，个体在判断和选择创业作为职业路径时，可能会受其优柔寡断的性格影响。因此，未来在研究创业意愿或行为时，可以将优柔寡断作为其中一类影响因素，探讨其如何影响个体进入创业领域的意愿或决策。

三、生涯适应力相关研究

1. 生涯适应力的概念

适应力（Adaptability）最早由 Hall（1996）引入职业研究领域，这一概念的核心是个体有能力改变从而应对环境变化，其内涵包括胜任力（Competence）和动机（Motivation）两个方面（Hall & Chandler，2005）。在此基础上，Savickas（1997）提出生涯适应力（Career Adaptability）这一构念，将其定义为"为解决未来可预见或不可预见的工作任务而做的准备"。一部分国内学者将"career adaptability"翻译为职业适应能力（顾倩妮和苏勇，2016；田慧荣等，2017；廖海萍等，2019），另一部分学者将其翻译为职业生涯适应力（董振华，2013；于海波和李旭琬，2015）。目前，大部分学者将此概念命名为"生涯适应力"（梁祺和王影，2016；舒晓丽和叶茂林，2019；赵小云和郭成，2010）。本书沿用"生涯适应力"这一翻译。

生涯适应力是生涯建构理论中的一个核心要素，代表个体在解决职业问题时的一种自我调节能力（Savickas & Porfeli，2012）。它是一种社会心理结构或心理资本，是各种社会交往能力（Transactional Competencies）的集合。生涯适应力相对人格特质来说，具有更高的可塑性和易变性，可以通过教育和经验来获得（Koen et al.，2012）。在生涯建构理论中，生涯适应力帮助个体形成适应性的行为和策略，以此来达到适应环境的目的。生涯适应力在个体职业生涯中具有关键作用，它帮助个体在其职业角色中应对复杂的职业任务、职业过渡以及职业创伤（Savickas，1997）。本书结合 Savickas（1997）的观点，认为生涯适应力是一种个人心理资源或职业能力，这种能力可以通过后天习得，能够帮助个体应对职业生涯过程中的一系列挑战与困难。

2. 生涯适应力的测量

生涯适应力具有多维性和层次性（Savickas & Porfeli，2012）。早期的学者 Creed 等（2009）认为，生涯适应力由"计划、职业探索、自我探索、决策和自我调节"这五个要素构成。Han 和 Rojewski（2015）将职业探索和职业计划作为生涯适应力的组成要素，研究其对工作满意度的作用。此外，Karaevli 和 Hall（2006）还提出专门针对管理者的生涯适应能力，包括社会、认知和情绪适应能力。

目前，学界普遍接受 Savickas 和 Porfeli（2012）提出的四因子模型，包含职业关注（Career Concern）、职业自主（Career Control）、职业好奇（Career Curiosity）和职业信心（Career Confidence）。也就是说，具有适应力的个体往往具备下列职业能力：①关注职业未来；②个人对未来职业生涯有较高的自主性；③有强烈的好奇心，并不断探索自我和未来；④对追求自己的理想有较强的信心（Savickas，1997；Savickas & Porfeli，2012）。对未来的关注有助于个人向前看，为下一步可能发生的事情做好准备。职业自主体现了个体在职业发展中的责任心，个体应该通过自律、努力和坚持来塑造自己和职业环境，以满足未来职业发展需要。职业好奇可以促使个人在不同的情境和角色中深入思考，帮助个体对可能的自我和环境进行探索。这些探索又进一步帮助个体建立信心，使人们能够实现他们的职业选择与人生规划。

有关生涯适应力的测量主要有以下几种方式（见表2-10）：

表 2-10 生涯适应力主要测量工具整理汇总

相关学者	维度	量表类型	内容（括号内为题项数目）
Rottinghaus 等 （2005）	1	1~5 李克特： 非常不同意—非常同意	Career Futures Inventory（CFI） 中的适应力子维度（11）
London （1993）	1	1~5 李克特： 非常不同意—非常同意	职业动机（5）
Savickas 和 Porfili （2012）	4	1~5 李克特： 非常不强—非常强	职业关注（6）、职业自主（6） 职业好奇（6）、职业信心（6）
Maggiori 等 （2017）	4	1~5 李克特： 不具备这种优势—最大的优势	职业关注（3）、职业自主（3） 职业好奇（3）、职业信心（3）

资料来源：笔者整理文献所得。

首先，最普遍使用的测量工具是由 Savickas 和 Porfili（2012）开发的 24 条目的生涯适应力量表（Career Adapt-Abilities Scale，CAAS2.0），该量表共包含四个维度，每个维度 6 个题项。该量表的信效度在不同文化背景的样本中已得到广泛验证。中国学者根据原始 CAAS 量表翻译修订了中国版本的 CAAS 测量工具（Hou et al.，2012），分维度和总体量表均有较高的可靠性，且量表的有效性在本土研究中也得到验证（Cai et al.，2015；Zhou，2017）。示例条目如"为未来做准备"（关注）、"坚持自己的信念"（自主）、"对新机遇充满好奇"（好奇）、"能克服困难"（信心）。

在 CAAS2.0 的基础上，学者开发了简短版测量工具（Career Adapt-Abilities Scale-Short Form，CAAS-SF）（Maggiori et al.，2017）。该量表共四个维度，每个维度通过 3 个条目来测量。示例题项如"为未来做准备"（关注）、"自己做决定"（自主）、"观察不同的做事方式"（好奇）、"尽我所能"（信心）。该量表分维度和总体量表也具有较高的可靠性。

其次，一些学者采用一般性的适应力量表来测量生涯适应力。例如，Verbruggen 和 Sel（2008）采用 London（1993）开发的 5 条目职业动机量表来测量个体适应力。示例题项包括"你能在多大程度上适应职业生涯的变化"和"你在多大程度上接受你的职业改变"。又如，职业未来量表（Rottinghaus et al.，2005）中的适应力子维度也在一些研究中被用于测量生涯适应力（例如，Duffy，2010）。该量表共 11 个条目，示例条目如"我能适应职业计划的变化"和"我可以克服职业生涯中可能存在的障碍"等。

整体来看，在生涯适应力测量方面，早期的测量工具内容比较单一，且测量工具不统一。自从 Savickas 和 Porfili（2012）开发了 CAAS2.0 量表以来，这一测量工具在不同国家的背景下接受了验证，表现出较高的信效度。但是这一量表题目数量较多，因此，本书采用在 CAAS2.0 基础上形成的简短版 CAAS-SF 量表。

3. 生涯适应力的影响因素

生涯适应力的研究已经较为丰富，且主要采用生涯建构理论作为理论依据，因此，适应性（adaptivity）视角的影响因素研究居多。在赵小云和郭成（2010）对生涯适应力综述研究的基础上，本书主要从人格特质、个体认知与态度、环境因素三个方面进一步梳理生涯适应力的前因。

人格特质作为个体的适应性准备（adaptivity），与适应力的形成与发展密切相关（Savickas & Porfeli, 2012）。其中，受到学者较多关注的人格特质包括"大五人格"（Guan et al., 2017；Li et al., 2015；Neureiter & Traut-Mattausch, 2017）、主动性人格（Cai et al., 2015；Hirschi et al., 2015；Hou et al., 2014；Pan et al., 2018；Uy et al., 2014；Zhou, 2017；于海波等，2016）、自尊（Amarnani et al., 2018；Cai et al., 2015；Duffy, 2010；廖海萍等，2019）、目标导向（Creed et al., 2009；Guan et al., 2017）、幸福导向（Johnston et al., 2013）、乐观与悲观（Duffy, 2010；Shin & Lee, 2017）、情绪智力（Celik & Storme, 2018；Coetzee & Harry, 2014）、心理资本（Pajic et al., 2018）等。实证研究普遍证明，拥有适应性人格特征的个体往往有更高水平的适应力资源。例如，在以中国大学生和国际大学生为对象的研究中，主动性人格作为一种适应性人格，与学生生涯适应力正相关（Hirschi et al., 2015；Guan et al., 2017）；而"大五人格"中的"神经质"被认为是一种缺乏适应性的表现，与生涯适应力负相关（Li et al., 2015）。

在个体认知与态度方面，对生涯适应力存在显著作用的认知与态度包括：自我效能感（Hou et al., 2014；Obschonka et al., 2018；廖海萍等，2019）、核心自我评价（Guan et al., 2017；Hirschi et al., 2015；Neureiter & Traut-Mattausch, 2017；Xu & Yu, 2019）、认知灵活性（Chong & Leong, 2017；Neureiter & Traut-Mattausch, 2017）、创业警觉性（Obschonka et al., 2018；Uy et al., 2014）、动机（Shin & Lee, 2017）、无边界职业导向与易变性职业导向（Li et al., 2019；Stauffer et al., 2019）等。积极的认知与态度（如认知灵活性等）体现了个体良好的适应性，能够有效促进生涯适应力的提高（Guan et al., 2017）；反之，消极的认知与态度（如悲观主义）会抑制生涯适应力的发展（Shin & Lee, 2017）。

除人格特质、个体认知与态度外，学者还关注了其他个体因素与生涯适应力的关系。总体来看，其他因素可以大致分为两类：一类是个体对一般化的职业生涯的适应性准备，例如，对职业和环境的探索（Cai et al.，2015；Chong & Leong，2017）、实习质量（Pan et al.，2018）、职业过渡准备（Ghosh et al.，2019）、社会地位（Autin et al.，2017）；另一类主要体现个体在组织内的适应性，如员工的反馈寻求行为（Gong & Li，2019）。这些因素反映了个体对适应变化的准备程度，会进一步影响个体生涯适应力。

此外，生涯建构理论也强调了环境因素的边界作用。研究发现，支持性的环境有助于生涯适应力的形成和发展。这些环境包括社会支持（Creed et al.，2009；Duffy，2010；Han & Rojewski，2015；Tian & Fan；2014）、反馈环境（Gong & Li，2019；田慧荣等，2017）、学习环境（Tian & Fan，2014）、组织职业生涯管理（于海波和郑晓明，2013）。

4. 生涯适应力的作用结果

生涯适应力不仅影响个人职业结果，同时也能促进个体实施积极的组织行为（李云等，2017；周洁等，2019；Xu & Yu，2019），其影响力主要体现在个体职业和工作适应结果方面。Savickas 和 Porfeli（2012）指出，适应的结果可以表现为职业相关的满足感、成功、稳定性与发展等。研究表明，生涯适应力高的个体对生活和学习会表现出更高的满意度（Ghosh et al.，2019；Urbanaviciute et al.，2019；Celik & Storme，2018；Ghosh et al.，2019），在职业方面也能够提升职业满意度（Haibo et al.，2018；Maggiori et al.，2013；Stauffer et al.，2019；闫文昊等，2018）、工作满意度（Fiori et al.，2015；Han & Rojewski，2015；Urbanaviciute et al.，2019）、工作绩效（Zacher，2014）、收入（Haibo et al.，2018；于海波和郑晓明，2013）、职业成功（于海波等，2016）等。实证研究表明，无论是主观职业成功（如职业满意度）还是客观职业成功（如年收入）都与生涯适应力积极相关。

生涯适应力还会影响个体对某一职业的偏好。当个体能够适应某一职业时，他/她会对该职业具有较高的意向，并且表现出较高的职业承诺与坚持（Amarnani et al.，2018；Negru-Subtirica et al.，2015）；反之，当个体缺乏适应力时，个体更容易放弃当前的职业，产生离职意向。已有的实证研究表明，生涯适应力对个体职业稳定性的影响包括创业意向（梁明辉和易凌峰，2017；梁祺和王影，2016）、离职意向（关晓宇和于海波，2015；舒晓丽和叶茂林，2019；田慧荣等，2017；于海波和郑晓明，2013；周洁等，2019）、外派工作意向（Presbitero & Quita，2017）、匹配感知（Shabeer et al.，2019）、工作与职业不安全感（Spurk et al.，2016）、压力与焦虑（Fiori et al.，2015；Shin & Lee，2019；Urbanaviciute et al.，2019）等。

对个体职业发展的影响，一方面，生涯适应力作为一种职业资源，有助于个体的职业发展，这种作用体现在提升个体职业能力（Guo et al.，2014），提升求职绩效（于海波和李旭琬，2015），促进就业成功（Pan et al.，2018），增加投入度与敬业度（Merino-Tejedora et al.，2016；关晓宇和于海波，2015），提升自我效能感（Guan et al.，2013，Hirschi et al.，2015；Neureiter & Traut-Mattausch，2017；Pajic et al.，2018），突破职业高原（Shabeer et al.，2019）；另一方面，生涯适应力也帮助个体形成有利于职业发展的一系列行为，如职业计划与探索（Hirschi et al.，2015；Li et al.，2015；Neureiter & Traut-Mattausch，2017）、主动职业行为（Taber & Blankemeyer，2015）、职业未来时间观与后期职业规划（Fasbender et al.，2018）、战略性职业管理（Chong & Leong，2017）。

本书将近年来有关生涯适应力的部分研究成果汇总于表 2-11 中。

表 2-11　生涯适应力的部分实证研究总结

前因变量	结果变量	研究者
自控、社会支持、职业乐观、自尊	—	Duffy（2010）
主动性人格、职业决策自我效能感（中介）	—	Hou 等（2014）
逆境商、临床学习环境、家庭支持	—	Tian 和 Fan（2014）
情绪智力	—	Coetzee 和 Harry（2014）
主动性人格、创业警觉性（中介）	—	Uy 等（2014）
自尊、主动性人格、职业探索（中介）	—	Cai 等（2015）
社会地位、工作意志力（中介）	—	Autin 等（2017）
主动性人格、工作旺盛感（中介）	—	Zhou（2017）
依恋、职业选择悲观主义与内在动机（链式中介）	—	Shin 和 Lee（2017）
大五人格、核心自我评价（中介）、主动性人格（中介）、学习目标导向（中介）	—	Guan 等（2017）
导师反馈环境、反馈寻求（中介）	—	Gong 和 Li（2019）
易变性职业导向	—	Li 等（2019）
政治技能、自我效能感、自尊（中介）	—	廖海萍等（2019）

前因变量	结果变量	研究者
—	职业自我导向	Verbruggen 和 Sels（2008）
—	求职自我效能感（中介）、雇佣状态、匹配感知	Guan 等（2013）
—	职业巩固	Zacher 等（2015）
—	主动职业行为	Taber 和 Blankemeyer（2015）
—	工作敬业、离职意向	关晓宇和于海波（2015）
—	学习成果、求职绩效	于海波和李旭瑞（2015）
—	职业探索、职业承诺	Negru-Subtirica 等（2015）
—	情绪（中介），工作满意度、工作压力	Fiori 等（2015）
—	市场性（中介）、工作不安全感、职业不安全感	Spurk 等（2016）
—	创业激情（中介）、创业意向	梁祺和王影（2016）
—	创业效能感（中介）、创业意向	梁明辉和易凌峰（2017）
—	外派工作意向	Presbitero 和 Quita（2017）
—	创新绩效	李云等（2017）
—	组织成功、个人职业成功	Haibo 等（2018）
—	职业未来时间观、后期职业规划	Fasbender 等（2018）
—	职业形塑（中介）、主观职业成功	闫文昊等（2018）
—	职业竞争力（中介）、离职意向	舒晓丽和叶茂林（2019）
—	创新行为、离职意向	周洁等（2019）
—	匹配感知、职业高原	Shabeer 等（2019）
组织职业生涯管理	离职意向、工作绩效	于海波和郑晓明（2013）
幸福导向	工作压力	Johnston 等（2013）
职业不安全感	一般幸福感、职业幸福感	Maggiori 等（2013）
大五人格、行为抑制与激活系统	职业探索	Li 等（2015）
自我调节	职业建构、职业认同、学术投入、学术倦怠	Merino-Tejedora 等（2016）
领导反馈环境	离职倾向	田慧荣等（2017）
核心自我评价、认知灵活性、大五人格	职业计划、职业决策困难、职业自我效能感	Neureiter 和 Traut-Mattausch（2017）
责任感、认知灵活性、环境探索	战略职业生涯管理	Chong 和 Leong（2017）

前因变量	结果变量	研究者
主动性人格、实习质量	就业成功	Pan 等（2018）
心理资本	求职自我效能感	Pajic 等（2018）
特质性情绪智力	学术满意度	Celik 和 Storme（2018）
风险承担、自我效能感、韧性、创业警觉性	创业意向	Obschonka 等（2018）
核心自我评价	组织公民行为	Xu 和 Yu（2019）
职业过渡准备	生活满意度、学术满意度	Ghosh 等（2019）
自我关注	职业焦虑	Shin 和 Lee（2019）
无边界职业导向、易变性职业导向	职业满意度	Stauffer 等（2019）

资料来源：笔者整理文献所得。

    本书目的在于探讨生涯适应力的中介作用，因此，为了更直观地展示生涯适应力如何发挥中介作用，本书绘制了如图 2-5 所示的研究整合框架。

    总体而言，关于生涯适应力概念、内涵与维度的观点比较一致，近年来有关生涯适应力的研究大多基于学者 Savickas 的一系列研究和观点，认为生涯适应力是一种心理社会资源，并且在个人职业生涯发展与职业转换过程中发挥重要作用。但是，生涯适应力前因的研究大多关注一般性的个人特征（如大五人格、主动性人格等），对其他个体适应性人格的挖掘还不够充分。依据生涯建构理论，个体适应性人格是塑造和影响生涯适应力的重要因素（Savickas & Porfeli, 2012）。然而，尚有其他可能影响生涯适应力的人格特征还未受到学者关注，因此未来应继续丰富这一方面的研究；此外，个体适应性可能与特定的文化情境有关，举例来说，在集体主义文化中，个体表现出的集体主义价值观可能更容易帮助其适应环境，从而获得适应力，而个人主义在这样的环境中可能会受到阻碍。因此，未来探讨生涯适应力前因的研究应该结合特定的文化背景来分析特定人格/认知对生涯适应力的影响。

    有关生涯适应力结果变量的研究主要集中于较狭义的职业领域（如工作行为），尽管生涯适应力主要关注的是一系列职业能力（如关注职业未来），但也有研究表明，除了影响个体工作、求职等职业领域之外，这些心理社会能力能够影响职业生涯中更广泛的领域，如生活满意度（Ghosh et al., 2019）、创业意向（梁明辉和易凌峰，2017；梁祺和王影，2016）等。然而，目前关注生涯适应力在工作/学业等职业领域之外的研究还很少。基于此，未来可以尝试探索生涯适应力对个体职业生涯其他方面的影响，如工作家庭平衡、多角色管理以及创业生涯等的影响。特别是在创业与一般职业的相似性与差异性还存在争议的背景下，未来研究应进一步探讨生涯适应力与个体创业意愿、行为及绩效的关系。

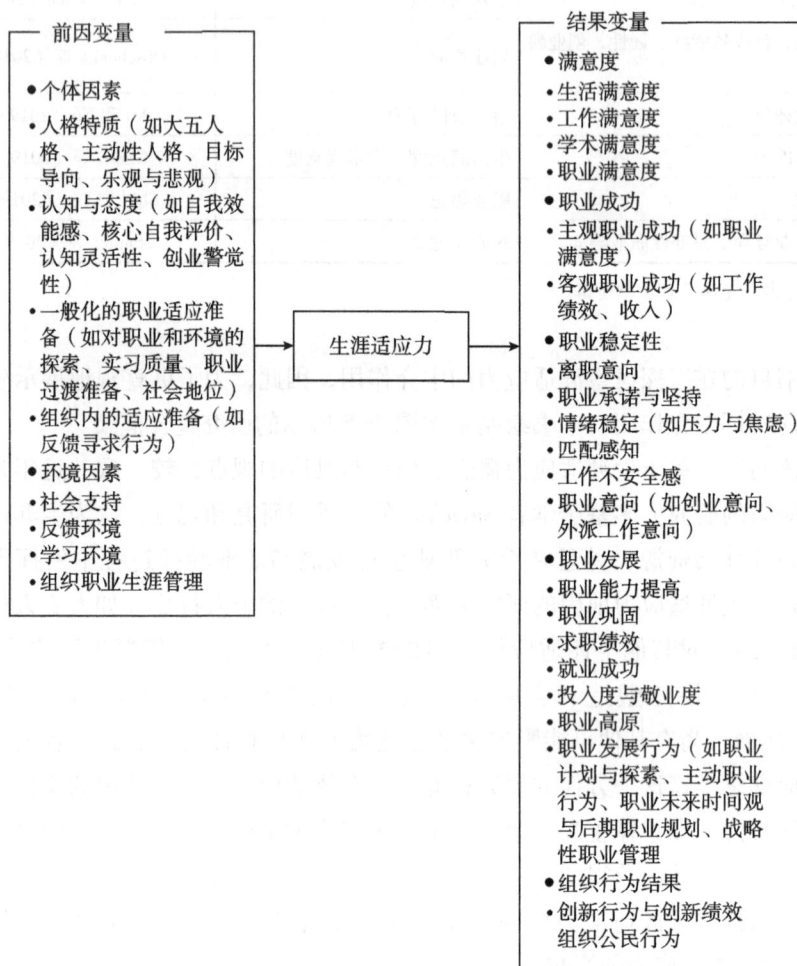

图2-5 生涯适应力的研究成果梳理

资料来源：笔者整理文献所得。

四、创业自我效能感相关研究

1. 创业自我效能感的概念

创业自我效能感产生自一个更为一般化的概念，即"自我效能感"（Self-Efficacy）。自我效能感一词源于社会认知理论/自我效能理论（Bandura，1986，1997），指的是一个人对自己完成给定任务的能力的信念与自我感知。自我效能感及其衍生概念代表了一种能动性、驱动动机、精神状态和行为机制，对个人行动意愿的发展起着关键作用（Newman et al.，2019）。同时，对自己能力的自我认知也会影响个人对达成目标的信念，以及面对挫折时的选择、抱负、努力和毅力（Bandura，1991）。因此，与职业领域相关的自我效能感会影响个人职业选择与职业结果。

自我效能感是一种心理状态与自我评估，不涉及个体的具体能力。这一概念与具体情境密切相关（Gist，1987），同一个体在不同的任务情境下，对自我能力的认知水平也存在差异。因此，学者在一般化的自我效能感基础上，进一步提出与特定领域及任务相关的效能感，如创业自我效能感（Entrepreneurial Self-Efficacy，ESE）（Chen et al.，1998），职业探索与决策自我效能感（Career Exploration and Decision Self-Efficacy，CEDSE）（Lent et al.，2017），多角色自我效能感（Multiple Role Self-Efficacy，MRSE）（Fouad et al.，2016）。借鉴 Boyd 和 Vozikis（1994）对创业自我效能感的定义，本书认为创业自我效能感指个体对能否成功履行创业者角色和完成创业任务的自我评估。

2. 创业自我效能感的测量

本书结合现有中外文献对创业自我效能感测量工具进行整理，比较有代表性的测量工具如下：

Chen 等（1998）开发的创业自我效能感量表是目前引用率最高的创业自我效能感测量工具（Newman et al.，2019），该量表共五个维度，包含 22 个条目，用于衡量个体在创新、管理、财务控制等五个方面的创业能力，如"制定并实现市场份额目标"。该量表在本土化研究中也表现出良好的信效度（如侯雨彤和李淑敏，2018）。DeNoble 等（1999）开发了一个 23 条目的多维度量表，用于区别一般的管理技能与创业技能。该量表包括六个子维度，测量创业者在开发新产品或拓展市场机会、建立与投资者的关系、应对意外挑战等方面的自我效能感。McGee 等（2009）开发的创业自我效能感量表也比较有代表性，被国内外研究广泛采用（Pfeifer et al.，2016；易朝辉等，2018）。该量表共 19 个条目，包括搜寻机会、计划、编排资源等六个维度。相比之下，其他测量创业自我效能感的量表主要关注一般的创业活动，而 McGee 等（2009）开发的量表关注了创业活动不同阶段的特定任务。

除上述多维度量表外，一些单维度的量表运用也比较广泛。例如，在中国本土研究中，Lucas 和 Cooper（2005）开发的量表被许多研究借鉴（吴建祖和李英博，2015），在原有量表基础上，Lucas 等（2009）进一步对量表进行修订，形成 7 个条目的单维度量表，该量表在以学生为对象的研究中有较高的信效度；一些研究将 Liñán 和 Chen（2009）开发的感知行为控制量表用于测量个体创业自我效能感（申传刚等，2018；Mwangi & Rotich，2019）；一些研究则采用 Zhao 等（2005）开发的 4 条目量表（Dheer & Lenartowicz，2019；Burnette et al.，2019）；而一些研究采用 Wilson 等（2007）开发的 6 条目量表（Lin & Si，2014）。

此外，一些学者开发了属于特定创业领域的自我效能感量表。例如，Duval-Couetil 等（2011）开发了用于测量工程创业（Engineering Entrepreneurship）自我效能感的量表，原始量表包括"带领技术团队开发新产品并取得成功"等 15 个题项。量表有效性在大学生样本中已经得到验证（Cadenas，2020）。

综上所述，创业自我效能感主要测量工具的整理见表 2-12。本书采用 Wilson 等（2007）开发的测量量表，该量表在以农民为样本的研究中已经得到检验。

表 2-12　创业自我效能感测量工具整理汇总

相关学者	维度	量表类型	内容（括号内为题项数目）
Lucas 和 Cooper（2005）	1	1~5 李克特：完全不符合—完全符合	单维度（7）
DeNoble 等（1999）	6	1~5 李克特：完全不确定—完全确定	开发新产品和市场机会（7）、建立创新环境（4）、建立投资者关系（3）、确定核心目标（3）、应对意外挑战（3）、开发关键人力资源（3）
Wilson 等（2007）	1	1~5 李克特：差很多—好很多	单维度（6）
McGee 等（2009）	5	1~5 李克特：非常不自信—非常自信	搜寻（3）、计划（4）、编排（3）、实施：人（6）、实施：财务（3）
Chen 等（1998）	5	1~5 李克特：完全不确定—完全确定	市场化（6）、创新（4）、管理（5）、风险承担（4）、财务控制（3）

相关学者	维度	量表类型	内容（括号内为题项数目）
Zhao 等 （2005）	1	1~5李克特： 一点也不自信—非常自信	单维度（4）
Liñán 和 Chen （2009）	1	1~7李克特： 完全不同意—完全同意	感知行为控制量表改编（6）
Duval-Couetil 等 （2011）	1	0~10李克特： 完全不自信—完全自信	单维度（15）

资料来源：笔者整理文献所得。

3. 创业自我效能感的影响因素

影响创业自我效能感的个人因素主要包括三类：工作经验、人口统计学特征、个体认知与性格差异。第一，工作经验为个人提供了学习和管理的机会，因此，先前的相关工作经验、创业经验与领导经历能够促进创业自我效能感的提高（Pfeifer et al.，2016；Pérez-López et al.，2019）。第二，人口统计学特征，如性别等也会影响个体创业自我效能感。例如，Shinnar 等（2014）研究发现，大学生参与创业教育后，男性大学生的创业自我效能感有显著提高，但女性大学生创业自我效能感没有明显改变。第三，影响创业自我效能感的个体认知与性格差异包括风险倾向（Zhao et al.，2005）、认知灵活性（Dheer & Lenartowicz，2019）、创业激情与创造力（Biraglia & Kadile，2017）、人格特质（Obschonka et al.，2018）等。根据社会认知理论，个人在认知与性格上的差异可能会影响个体情绪与态度，进而影响个体进行创业活动的自我效能感。例如，风险倾向越高的个体越可能具有较高的创业自我效能感（Zhao et al.，2005）。

同社会认知理论一致（Bandura，1997），创业教育与榜样主要通过学习与社会劝说来促进个体创业自我效能感。诸多研究已经表明，创业教育能够帮助个体提高创业自我效能感（Cadenas，2020；徐菊和陈德棉，2019）。通过完成商业计划书、案例学习以及与创业导师的反馈，学生可以掌握管理技能、了解创业者生活进而提高创业自我效能感。类似地，个体通过榜样可以进行创业学习，并且榜样本身也发挥社会劝说的作用。无论是家庭创业榜样（Pfeifer et al.，2016）还是其他创业榜样（Austin & Nauta，2015；Nowiński & Haddoud，2019），均对个体创业自我效能感有促进作用。

影响创业自我效能感的环境因素主要包括：公司环境、文化与制度环境。例如，企业战略定位与创业文化（Cooper et al.，2016）、企业市场能力（Snell et al.，2015)、企业的创业环境（吴建祖和李英博，2015）等环境因素对企业家与员工的创业自我效能感有积极影响。此外，国家文化与制度因素如创业社会保障（李爱国和曾宪军，2018）、政府支持（钟卫东等，2007）等也能促进个体创业自我效能感的形成。

除与创业相关的因素外，个体的职业状态也会对其创业自我效能感产生影响。例如，个体感知到的失业威胁会降低个体的创业自我效能感（Mwangi & Rotich，2019）。

4. 创业自我效能感的作用结果

对创业自我效能感作用结果的研究，主要基于社会认知理论（Bandura，1997）与计划行为理论（Ajzen，1991），并通过这些理论视角来解释创业自我效能感对创业意愿与创业行动的作用。结合 Newman 等（2019）的研究，本书从个人层面与企业层面两个方面对创业自我效能感的作用结果进行梳理。

创业自我效能感在个人层面的结果包括创业意愿、创业行为、创业动机、创业情绪/状态等方面。具体来说：第一，创业意愿是创业自我效能感最普遍的作用结果。大量研究基于计划行为理论（Ajzen，1991），认为创业自我效能感体现了个体对他们是否能够处理特定情况的能力感知（感知行为控制）。与该理论一致，创业自我效能感被证明对创业意愿具有显著的积极作用，并且该假设在不同的样本中都得到了验证，如学生（Hsu et al.，2019；Nowiński & Haddoud，2019；Wang et al.，2016；徐菊和陈德棉，2019）、公司员工（Mwangi & Rotich，2019）、技术工人（Biraglia & Kadile，2016）等。第二，创业自我效能感也被大量研究证明能够预测创业行为如投资（Cassar & Friedman，2009）、进行自我雇佣（Obschonka & Stuetzer，2017），但也会降低创业者进行书面计划的可能（Brinckmann & Kim，2015）。第三，一些研究发现创业自我效能感能够影响个体的创业情绪与状态。例如，能够帮助个体维持创业激情，尤其是建立新企业的激情（Cardon & Kirk，2015）。第四，一些研究整合了创业认知理论与动机理论，发现创业自我效能感对个体创业动机有正向预测作用（孙红霞等，2013；李爱国和曾宪军，2018）。

创业自我效能感在组织层面的结果主要包括公司内部创业、创立公司、创业绩效三个方面。第一，同个体层面类似，创业自我效能感会激发公司内部创业意向，即组织中高管投入创业活动的意愿。例如，学者基于社会认知理论的研究发现，中层管理者创业自我效能感越强，则他们越可能在公司内部创业（吴建祖和李英博，2015）。第二，对新企业的建立（Venture Emergence）会产生不同的影响。例如，Vilanova 和 Vitanova（2019）通过创业动态跟踪研究（Panel Study of Entrepreneurial Dynamics，PSED）的数据发现，创业自我效能感通过新生创业者对创业规模的期望负向影响新企业的建立，但通过创业者的努力可以正向影响新企业建立。类似地，Hechevarria 等（2012）基于目标理论，发现创业者自我效能感与成功建立企业的关系受到商业计划的干扰。单独来看，正式的商业计划与创业自我效能感都能提高建立企业的可能性，但当二者互相作用时，拥有高自我效能感的创业者如果进行了正式的创业计划，反而会降低创业的可能性。第三，研究普遍认为创业自我效能感正向影响创业绩效，包括主观创业绩效、财务绩效、创新绩效等。例如，钟卫东等（2007）以孵化器在孵科技企业为对象研究发现，创业自我效能感对企业的客观绩效（总资产增长率、员工增长率、研发进展）有直接的正向作用。易朝辉等（2018）的研究也得到了类似的结论——创业自我效能感正向预测科技型小微企业绩效（成长性与获利性）。

结合本书研究目的，本书主要将创业自我效能感作为中介变量的实证研究绘制成图表，具体如表 2-13 与图 2-6 所示。

表 2-13 创业自我效能感的中介作用研究

自变量	结果变量	研究者
创业教育	创业意向	徐菊和陈德棉（2019）
感知的创业环境	中层管理者创业行为	吴建祖和李英博（2015）
外部环境支持	初创科技企业绩效	钟卫东等（2007）
成长经历、社会支撑	大学生创业动机	李爱国和曾宪军（2018）
创业榜样、与榜样互动程度	创业意向	Austin 和 Nauta（2015）
创业激情、创造力	创业意向	Biraglia 和 Kadile（2016）
成长心态	学术与职业兴趣	Burnette 等（2019）
认知灵活性	创业意向	Dheer 和 Lenartowicz（2019）
主观规范、情绪能力	创业意向	Fernández-Pérez 等（2019）
失业威胁	创业意向	Mwangi 和 Rotich（2019）
激励性榜样、创业态度	创业意向	Nowiński 和 Haddoud（2019）
大五人格、创业特质	创业活动	Obschonka 和 Stuetzer（2017）
创业人格（创新等）	创业意向	Roy 等（2017）
生涯适应力	创业意向	Tolentino 等（2014）
个人特质	创业意向	Wang 等（2016）

资料来源：笔者整理文献所得。

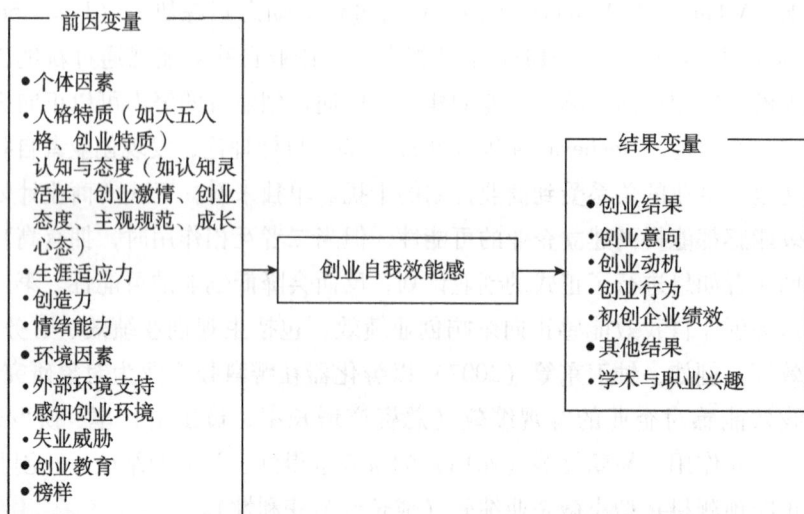

图2-6 创业自我效能感作为中介变量的研究成果梳理

资料来源：笔者整理文献所得。

　　如上所述，创业自我效能感的研究成果已经比较丰富，其定义与内涵也比较明确。目前，学者普遍认可创业自我效能感包含对多种创业能力的感知，包括创新能力、人际关系能力、计划能力以及财务管理能力等。尽管创业自我效能感的研究成果已经比较充足，但是整理文献时发现，现有研究证明了创业自我效能感在"个人认知/特质—创业结果"之间的中介作用，但在"环境—创业结果"关系中的中介作用研究还十分匮乏。这一点值得引起重视，因为无论是社会认知理论（Bandura，1997）还是SCCT理论（Lent et al.，1994）都强调外部环境对自我效能感的塑造具有关键作用，但现有研究忽视了对创业环境与自我效能感关系的深入探讨。因此，未来有关创业自我效能感的研究可以引入新的环境变量，对"环境—认知—创业"这一路径的进一步验证也显得十分必要。

五、结果预期相关研究

1. 结果预期的概念

　　与自我效能感一样，结果预期这一概念源于Bandura（1986）的社会认知理论。该理论将结果预期定义为"个人对特定行为将产生的积极或消极结果的信念"。Lent等（1994）将这一概念引入SCCT理论框架中，并且认为个体对某种结果的期望反映了个体对实施特定行为的信念。这些结果包括执行目标行为相关的外在奖励（例如，变得富有）、自我导向的结果（例如，欣赏自己），以及从任务绩效中获得的结果（例如，受人尊敬）。总的来说，个体的结果预期是由形成自我效能感的相同信息或学习经验形成的。个体的结果预期应与特定的领域相结合。例如，个体对职业结果的期望是指个体对自己选择某个职业可能产生的一系列结果的判断（宋子斌和陈朝阳，2007）；未来结果期待指个体对未来生活状况的信念（Lent，2004）。综上所述，本书将结果预期与创业结合起来，并将创业结果预期定义为个体对执行创业活动或选择创业生涯可能产生的积极或消极结果的信念。

2. 结果预期的测量

由于不同领域结果预期的内容不同，因此在测量这一变量时，需要学者根据各自的研究目的和研究内容来选择并修改测量量表（宋子斌和陈朝阳，2007）。在创业领域，目前研究还较少用到 SCCT 理论来解释创业生涯发展过程，因此，还没有比较统一的量表用于测量创业结果预期。本书总结了现有的几项检验 SCCT 理论的实证研究，将其使用的结果预期测量工具整理如下。

Lent 等（2003）开发了一个 10 条目量表，用于测量学生对专业选择的积极结果预期，量表列举了特定行为可能产生的一系列积极结果，包括"赚到有吸引力的薪水""做我觉得满意的工作"等。Lent 等（2008）在原有量表的基础上，增加了 1 个条目"监督他人的可能性"，用于测量个体对所学专业的未来结果的期望。随后，Lent 等（2016）扩展了 Betz 和 Voyten（1997）的研究，形成一个职业探索结果预期量表，包括"如果我对职业有更多的了解，我会做出更好的决定"等 8 个条目。该量表在有关职业探索的研究中表现出很好的信效度（Ireland & Lent，2018；Lent et al.，2017）。Pérez-López 等（2019）进一步将该量表引入创业生涯领域，对 Betz 和 Voyten（1997）与 Lent 等（2016）的量表进行了修改，用于测量个体对创业生涯探索的结果预期，示例条目如"如果我了解更多关于创业的知识，我会做出更好的职业决策"。该量表在以学生为样本的研究中表现出较高的可靠性。

Lim 等（2016）根据 Bandura（1986）提出的观点，开发了一个专门用于测量求职结果预期的量表。量表共 9 个条目，分别从社会、物质以及自我评估等方面对求职结果进行了描述，例如，"如果我在未来三个月内积极寻找工作，我预计会对自己感觉更好"。此外，Krueger 等（2000）开发的 5 个题项的结果预期量表也在一些研究中被采用。该量表通过询问受访者对创业的五个方面的预期（包

括自主性、压力、经济绩效、个人满意度以及个人生活质量）以及预期这些结果
有多大概率发生来衡量这一变量。在后续的创业研究中，一些学者对该量表进行
了改编，例如，Pfeifer 等（2016）借鉴 Krueger 等（2000）对创业结果预期组成
要素的描述，形成 4 个条目的测量工具，询问个人在多大程度上预期会产生特定
的创业结果（包括财富、压力、自主权和社区福利）。

总体来看，大多数研究在测量结果预期时，测量条目仅包含了积极的描述。
Roche 等（2016）在其研究中，开发了一个针对多角色平衡的结果预期量表，量
表共 17 个条目，同时包含积极与消极的结果描述。例如，"我会感到筋疲力尽"
（消极结果），"我会为自己付出的努力感到自豪"（积极结果）。

结果预期测量工具的汇总如表 2-14 所示。

表 2-14　结果预期测量工具整理汇总

相关学者	维度	量表类型	内容（括号内为题项数目）
Krueger 等 （2000）	1	1~7 李克特： 非常不同意—非常同意	预期结果（5）
Lent 等 （2003）	1	1~10 李克特： 非常不同意—非常同意	专业选择结果预期（10）
Lent 等 （2016）	1	1~5 李克特： 完全不同意—完全同意	职业探索结果预期（8）
Roche 等 （2016）	2	1~5 李克特： 非常不可能—非常有可能	多角色管理积极预期和消极预期（17）
Lim 等 （2016）	1	1~5 李克特： 完全不正确—完全正确	求职结果预期（9）
Pfeifer 等 （2016）	1	1~7 李克特： 完全不期待—非常期待	创业结果预期（4）

资料来源：笔者整理文献所得。

3. 结果预期的作用机制

对结果的预期会影响个体从事特定活动的倾向。Lent 等（2008）以 1000 多
名大学生为对象，通过 SCCT 理论模型检验了学生选择计算机专业的兴趣和目标
是如何形成的，研究发现自我效能感会影响个体对选择专业的结果预期，但结果
预期对专业选择的兴趣和目标均没有明显影响。Ireland 和 Lent（2018）分析了本
科生职业探索与职业决策的过程，发现积极情绪、替代学习以及自我效能感对个
体进行职业探索的结果预期有直接影响，社会支持通过结果预期影响个体的职业

探索目标。类似地，Lent 等（2016）以 190 名参与心理学课程的本科生为对象研究发现，社会支持与自我效能感通过职业探索结果预期影响个体职业探索目标。Lim 等（2016）以 243 名求职者为对象的研究也再次验证了 SCCT 理论的职业生涯管理模型，研究发现社会支持与自我效能感通过求职结果预期影响个体求职目标与求职行动。Roche 等（2016）调查了美国 18~25 岁的大学生多角色管理的意向，结果发现责任感通过自我效能感影响个体的角色平衡结果预期，但角色平衡结果预期并不会影响个体多角色管理的意向。Pfeifer 等（2016）以克罗地亚某大学 504 名大学生为对象分析发现，个体创业经验、对社会规范的感知以及参与培训项目能够塑造积极的创业结果预期，并进一步影响个体创业意愿。Pérez-López 等（2019）以西班牙某大学商业学位的大四学生为研究对象，发现商科学生对创业生涯的结果预期能够正向预测他们的创业意向以及为创业所从事的探索与应对行为。

总体来看，结果预期主要在个体/环境因素与职业结果之间发挥中介作用。本书将结果预期作为中介变量的实证研究总结如表 2-15 所示。

表 2-15   结果预期的中介作用研究

自变量	结果变量	研究者
社会支持、社会障碍	兴趣、专业选择目标	Lent 等（2008）
责任感、自我效能感	多角色平衡意向	Roche 等（2016）
创业经验、感知社会规范、培训项目	创业身份欣赏、创业意向	Pfeifer 等（2016）
社会支持、自我效能感	职业探索目标	Lent 等（2016）
社会支持、求职自我效能感	求职目标与行动	Lim 等（2016）
隐瞒动机、工作场所氛围、自我效能感	公开身份	Tatum 等（2017）
社会支持、积极情绪、自我效能感、替代学习	职业探索目标	Ireland 和 Lent（2018）
创业职业探索与决策自我效能感	创业准备活动、创业决策	Pérez-López 等（2019）
社会支持、先前经验	创业态度、创业意向	Liguori 等（2020）
自我效能感	个体即兴	丁道韧和陈万明（2017）
创业自我效能感	创业意向	王甜（2017）

资料来源：笔者整理文献所得。

本书绘制了结果预期研究的整合框架，如图 2-7 所示。

```
┌─────────────────────┐              ┌─────────────────────┐
│  前因变量            │              │  结果变量            │
│                     │              │                     │
│  • 个体因素          │              │  • 职业行为          │
│  • 自我效能感        │              │  • 求职目标与行动    │
│  • 创业经验与学习    │              │  • 创业准备活动      │
│  • 情绪              │              │  • 创业决策          │
│  • 动机              │   ┌───────┐  │  • 个体即兴          │
│  • 责任感            │──▶│结果预期│─▶│  • 职业兴趣          │
│  • 环境因素          │   └───────┘  │  • 兴趣、专业选择目标 │
│  • 社会支持          │              │  • 创业意向          │
│  • 社会规范          │              │  • 职业探索          │
│  • 社会障碍          │              │  • 角色管理          │
│  • 工作场所氛围      │              │  • 多角色平衡意向    │
│  • 创业教育与培训    │              │  • 公开身份          │
└─────────────────────┘              └─────────────────────┘
```

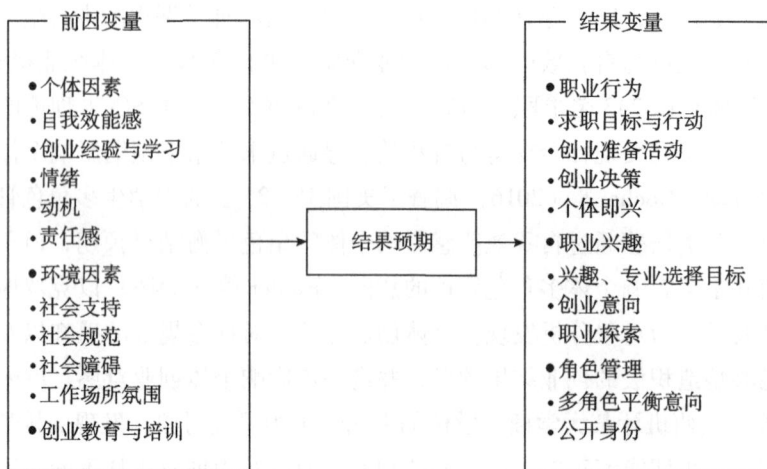

图 2-7　结果预期作为中介变量的研究成果梳理

资料来源：笔者整理文献所得。

　　总体而言，对结果预期这一变量的关注主要存在于以 SCCT 理论为视角开展的研究中，但无论是理论建构还是实证研究都还比较少。同自我效能感一样，结果预期是 SCCT 理论中的一个核心变量，但是相对于自我效能感较丰富的研究成果，对结果预期的探讨还远远不够。由于个体的预期是与具体的结果相联系，因此同自我效能感的测量类似，需要开发针对特定领域的测量工具（例如，创业自我效能感、职业探索自我效能感、学术自我效能感等），但是目前在创业领域，结果预期的测量还缺乏一个相对统一或广泛采用的工具。尽管一些创业研究采用 Krueger 等（2000）开发的量表来测量创业结果预期（Santos & Liguori，2019；Liguori et al.，2020），但这一单维度量表中同时包含积极和消极的结果，可能导致测量结果受到影响。因此，想要进一步验证 SCCT 理论解释创业决策问题的有效性，有待进一步改编或开发与创业活动相关的结果预期量表。此外，尽管 Krueger 等（2000）的创业意向模型以及 SCCT 理论（Lent et al.，1994；Lent & Brown，2013）都强调了自我效能感和结果预期对个体决策的重要性，但目前极少研究将结果预期与自我效能感共同作为核心变量整合在一个模型中，用于解释个体创业职业兴趣如何形成。根据 SCCT 理论（Lent & Brown，2013），自我效能感会影响个体对特定结果的预期，因此，未来有待进一步探讨这两个变量的关系以及二者对个体创业生涯的影响。进一步地，在仅有的几项验证 SCCT 理论及 CSM 模型的研究中，创业结果预期的前因变量也极少考虑国家或地区文化因素，本书认为这是一个值得引起重视的研究缺口。因此，未来针对创业结果预期的实证研究仍需要解决两个问题：一是整合自我效能感与结果预期到同一研究框架，并探讨二者关系；二是引入新的环境因素，并探讨环境变量如何影响个体对创业的结果预期。

六、感知就业能力的相关研究

1. 感知就业能力的概念

在一个越来越少地提供长期就业机会的社会环境中，个人以及职业培训的一个关键目标在于提高个人在劳动力市场上的吸引力。就业能力（Employability）的内涵随着时代的发展而不断变化，并与不同时代的劳动力市场与政府关注的重点紧密联系。早期，就业能力的内涵主要指一般民众的工作能力与工作潜能，或指国家与政府对劳动力的可获得性（De Grip et al.，2004）。之后，由于企业/组织面对的外部竞争力加剧，获得与配置合适的劳动力成为企业组织发展的一个关键因素，就业能力的内涵也随之发生了变化。在这一阶段，就业能力更多指的是能够帮助企业组织有效运转的人力资源配置工具（如员工数量与核心员工职业技能）（谢义忠等，2013）。近年来，就业能力的内涵更多指个体在自身职业发展过程中识别就业机会的能力，并且众多学者沿用了以往关于个人就业能力的定义。例如，Fugate 等（2004）将就业能力定义为"一个人识别和实现职业机会的能力"。在这一定义的基础上，Rothwell 和 Arnold（2007）进一步指出，就业能力是一系列有利于职业发展的个人属性，这些属性包括知识与技能，学习能力，职业管理与求职能力等。个体感知自身就业能力（Perceived Employability，PE）涉及个体对现有雇主（即内部劳动力市场；对应内部 PE）或其他雇主（即外部劳动力市场；对应外部 PE）提供的工作机会的感知。

综上所述，结合 Fugate 等（2004）与 Rothwell 和 Arnold（2007）对就业能力的阐述，本书将就业能力视为个体获得就业机会的个人属性（包括人际网络、专业技能等），而感知的就业能力即个体感知到通过个人属性获得潜在就业机会的可能性。

2. 感知就业能力的测量

由于测量对象的不同（如大学生、员工等），雇主对职业技能的要求有所差别，因此在测量这一变量时，学者开发了针对不同人群的量表。例如，对组织中的员工来说，感知的就业能力又分为内部就业能力感知（即在本公司内部的可雇性感知）与外部就业能力感知（即在外部就业市场的可雇性感知）。由于农民普遍不从属于特定的组织，本书主要关注农民在外部劳动力市场上的就业能力感知，并总结了现有实证研究中被采用较多的测量工具。

Rothwell 和 Arnold（2007）将就业能力分为内部就业能力和外部就业能力，并让员工评价自己以及自己的职位在组织内和组织外的价值，由此形成就业能力自我感知量表。该量表包含四个维度共 16 个条目，其中，外部就业能力感知包括"如果需要的话，我可以很容易地在一家类似的机构找到另一份像现在一样的工作"等 9 个条目。该量表在国内的有效性已经得到初步验证（曾垂凯，2011）。随后，Rothwell 等（2009）又开发了一个 16 条目的自我感知就业能力量表（Self-Perceived Employability Scale，SPES），用于测量在校大学生对自己就业能力的感知，示例条目包括"我所拥有的技能和能力正是雇主所追求的""总的来说，我对求职面试和选拔活动都很有信心"等。

Berntson 和 Marklund（2007）开发了一个 5 条目感知就业能力量表，该量表可以用于测量更广泛的群体。该量表分别对受访者感知的技能、经验、人际网络、个人特质和劳动力市场知识等几个方面进行测量，示例条目如"我的能力在就业市场上是受欢迎的""我能通过自己的人脉关系获得一份比较好的工作"。该量表也在多项研究中被采用。类似地，其他学者通过测量个体对外部就业机会的感知来衡量就业能力感知。例如，Janssens 等（2003）开发了一个 3 条目量表，用于测量员工的就业能力感知。示例条目包括"如果我开始寻找，我有信心找到另一份工作"与"如果我被解雇，我会立即找到一份同等价值的工作"等。

总体来看，感知就业能力的测量工具已经比较成熟，无论是多维还是单维的测量量表，其目的主要在于衡量个体对自身能否轻松地在组织中或组织外找到一份工作，由此来测量个体对自身就业能力的感知。感知就业能力的测量工具整理如表 2-16 所示。

表 2-16　感知就业能力测量工具整理汇总

相关学者	维度	量表类型	内容（括号内为题项数目）
Janssens 等 （2003）	1	1~5 李克特： 非常不同意—非常同意	（3）
Rothwell 和 Arnold （2007）	4	1~5 李克特： 非常不同意—非常同意	外部就业能力感知（9）

续表

相关学者	维度	量表类型	内容（括号内为题项数目）
Rothwell 等（2009）	1	1~5 李克特： 非常不同意—非常同意	Self-Perceived Employability Scale（SPES）（16）
Berntson 和 Marklund（2007）	1	1~5 李克特： 非常不同意—非常同意	（5）

资料来源：笔者整理文献所得。

3. 感知就业能力的作用结果

总的来看，目前有关感知就业能力的相关实证研究还较少，对该变量作用结果的讨论还存在较大的局限性，现有研究主要探讨其对工作绩效、离职意向等的影响。例如，De Cuyper 和 De Witte（2010）以 371 名比利时临时工和长期工为研究对象，通过结构方程模型分析发现，无论是长期工还是临时工，感知自身的就业能力较强时，他们也相应地能感知到更好的外部就业机会。Kinnunen 等（2011）以 1014 名来自芬兰的大学教师与学者为研究对象，发现感知的就业能力与情绪衰竭、心理症状呈负相关关系，而与工作绩效呈正相关关系。此外，以不同国家为背景的多项研究表明，感知就业能力对工作满意度和工作绩效有正向预测作用（De Cuyper et al.，2011a；Hahn & Kim，2017；Ngo et al.，2017；陈鋆和谢义忠，2014）。例如，De Cuyper 等（2011b）以 463 名来自比利时的工人为研究对象分析发现，感知就业能力与工作满意度、生活满意度、自我评估的工作绩效等正相关。他们进一步研究发现，感知就业能力水平越高，员工的离职意向水平也越高，这一观点与 De Cuyper 等（2011a）的另一项研究一致。学者还发现，感知就业能力对个体的创业决策也会产生影响。例如，Atitsogbe 等（2019）以 334 名大学生以及 216 求职者为研究对象发现，对这两类人群，感知就业能力均与他们的创业意愿呈正相关关系。

根据以上文献梳理，本书将感知就业能力作为自变量以及调节变量的相关研究整理如表 2-17 所示。

表 2-17 感知就业能力的作用结果

自变量	结果变量	研究者
—	就业机会	De Cuyper 和 De Witte（2010）
—	工作倦怠、心理症状、工作绩效	Kinnunen 等（2011）

续表

自变量	结果变量	研究者
—	离职意向、工作资源	De Cuyper 等（2011a）
—	工作满意度、生活满意度、工作绩效、离职意向	De Cuyper 等（2011b）
—	职业决策自我效能感	Huang（2015）
—	求职强度	De Vos 等（2017）
—	员工角色内和角色外绩效	Hahn 和 Kim（2017）
—	工作投入、工作满意度	Ngo 等（2017）
—	创业意向	Atitsogbe 等（2019）
—	起点薪酬、工作满意度	陈銮和谢义忠（2014）
工作不安全感	职场欺凌	De Cuyper 等（2009）
工作不安全感	工作幸福感	胡三嫚和钟华（2015）

资料来源：笔者整理文献所得。

此外，本书进一步绘制了更为直观的感知就业能力研究框架图，如图 2-8 所示。

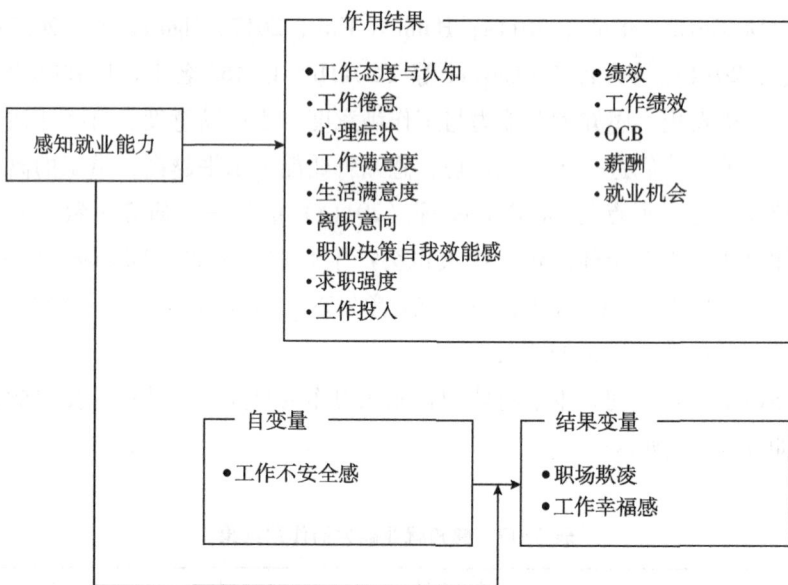

图 2-8　感知就业能力研究成果梳理

资料来源：笔者整理文献所得。

尽管近年来感知就业能力已经在职业生涯研究领域引起学者关注，但是相对于已经比较成熟的测量工具，其实证研究还十分缺乏，且目前针对感知就业能力的研究主要集中于探讨其前因。个体对就业能力的感知是否以及如何影响其后续的职业行为，相关实证证据还不足。有少数研究表明，对自身可雇用性/就业能力的感知会影响个体的工作绩效与幸福感等职业结果，而就业能力又包含工作经验、技能与人际网络等职业优势，因此，未来可以将这一概念引入创业领域，探讨感知就业能力对创业绩效以及创业生涯过程的影响。举例而言，尽管就业能力包含一系列职业能力如经验、技能等，但这些能力区别于创业能力，未来研究可以尝试整合就业能力与创业能力，探讨不同的能力感知如何影响个体对创业生涯的选择。

第四节　本章小结

本章系统梳理了创业意愿及本书关注的相关变量的研究成果。一方面，通过整理、总结创业意愿相关的文献，对研究落脚点——农民创业意愿的内容和研究进展有了全面的了解。已经有学者开始将职业理论用于解释创业意愿形成过程，但相关文章还较少。另一方面，通过对各个变量内涵、测量工具以及相关实证研究的梳理，有助于发现现有文献的研究缺口，进而予以补充。总的来说，除创业意愿、生涯适应力与创业自我效能感的研究相对丰富以外，本书涉及的其他变量（包括优柔寡断、面子意识、创业制度环境、家庭支持、创业结果预期以及感知就业能力）实证研究还比较缺乏。因此，本书试图在一定程度上对现有研究不足进行补充。

第三章　理论基础

第一节　生涯建构理论及其在创业意愿研究中的应用

一、生涯建构理论阐述

生涯建构理论（Career Construction Theory）最早由学者 Savickas（1997）提出，该理论关注个体在如何保持自身特色的同时被他人认可，以及适应一系列的工作变化。Savickas（2002）指出，生涯建构理论强调个体构建职业生涯的过程。该过程包含三个方面的内容，即人生主题（Life Themes）、职业人格特质（Vocational Personality）、生涯适应力（Career Adaptability）。人生主题主要探讨生命中哪些东西是最重要的，自己哪些方面会对他人产生影响；职业人格特质是指个人与职业有关的技能、需要、价值观和兴趣；生涯适应力是一种社会心理结构或人力资本，由一组特定的态度、信念和能力组成。这三者之间的关系可以简单表述为：人生主题指导职业人格的表达，也就是说，个体追求的生命意义是其表达自身特质的推动因素，而生涯适应力影响职业人格的表达结果。

生涯建构理论强调了个体在适应环境的过程中，外部环境本身的重要性。Savickas 和 Porfeli（2012）指出，生涯建构的过程可以看作一系列角色的转变和适应，包括从学校到工作，从工作到工作以及从职业到职业的转变。人们在生涯建构的过程中会采取一系列适应性的策略，并将自己特有的人格特质运用到工作中，以寻求个人内部需求和外部机会的和谐统一。对环境的适应行为包括五种基本活动：定位、探索、建立、管理和脱离。这些建构活动在整个职业生涯中不断循环，以此来帮助个体适应变化的环境。最终的适应结果可以表现为职业成功、满意度或职业发展等。

Savickas 和 Porfeli（2012）的研究进一步将职业适应过程中的关键因素归纳为四个方面，即适应性（Adaptivity/Readiness）、适应力（Adaptability/Resource）、适应行为/策略（Adapting/Responses）及适应结果（Adaptation/results）。适应性指的是相对稳定的个人特质，这些个人特质体现了个体的灵活性与改变意愿。由于每个人的适应性人格特质有所不同，因此，个体在面对改变及挑战时，所表现出的应对改变的意愿强度也会不同。适应力指的是一系列的职业能力或心理资源，如职业好奇等。适应力通过个人内在条件与外部世界之间的相互作用而发展起来，它与特定的角色和环境密切相关。因此，特定的文化背景可能是生涯适应力发展的边界条件（Savickas & Porfeli，2012）。适应行为/策略指的是个体为了应对环境变化、职业转换等，从而实施的一系列职业应对行为，如职业探索行为（Li et al.，2015）、组织公民行为（Xu & Yu，2019）等。适应结果指的是个体对环境/职业的适应状态，包括满足感、成功和稳定性等。尽管适应性人格反映了个体应对变化的意愿，但这种个体差异本身不足以激发和维持适应行为。为了获得适应结果，个体必须依靠生涯适应力帮助他们适应环境变化。在适应性和适应力的指导下，个体会投入一系列适应行为，从而达到职业生涯和谐稳定的状态。因此，生涯建构理论模型如图 3-1 所示。

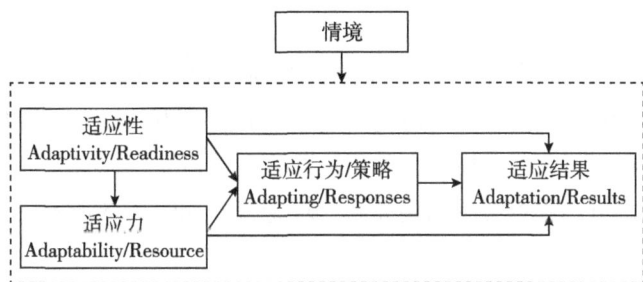

图 3-1 生涯建构理论模型

资料来源：笔者根据文献资料 Savickas 和 Porfeli（2012）、关偏偏（2015）、闫文昊等（2018）整理所得。

二、生涯建构理论在创业意愿研究中的应用

职业生涯管理领域的学者已经开始尝试运用生涯建构理论解释个体创业意愿

的形成，但相关研究还十分缺乏。根据文献梳理，以下几项运用生涯建构理论视角的创业意愿研究值得关注。

国内的学者已经尝试运用生涯建构理论解释个体的创业意愿。例如，梁祺和王影（2016）以 168 名自主创业者、员工及公司高管为对象，研究发现生涯适应力能够激发个体创业激情，进而促进个体创业意愿的形成（该研究的理论模型如图 3-2 所示）。类似地，梁明辉和易凌峰（2017）的研究也对生涯适应力与创业意愿的直接与间接关系进行了验证。他们通过对大四本科生的研究发现，大学生生涯适应力对其创业意愿有直接的正向作用，同时也通过创业自我效能感间接影响创业意愿。尽管这些研究强调了生涯适应力在个体生涯发展中的重要作用，但是并没有解决"什么因素可以影响生涯适应力"这一问题，这局限了运用生涯建构理论对创业意愿的解释。

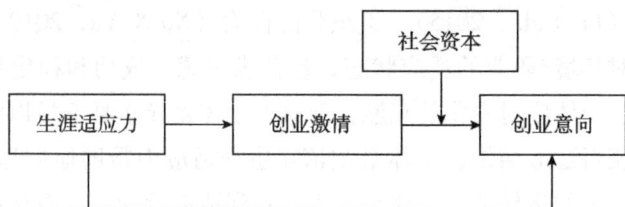

图 3-2　梁祺和王影（2016）的理论模型

资料来源：笔者根据梁祺和王影（2016）的研究整理所得。

国外学者 Tolentino 等（2014）将创业视为一种应对复杂环境的适应性职业行为，通过对 380 名商科学生的研究发现，生涯适应力与创业意愿积极相关，创业自我效能感在二者之间发挥中介作用。并且，该研究发现家庭创业的影响能够调节生涯适应力与创业意愿的间接关系，理论模型如图 3-3 所示。

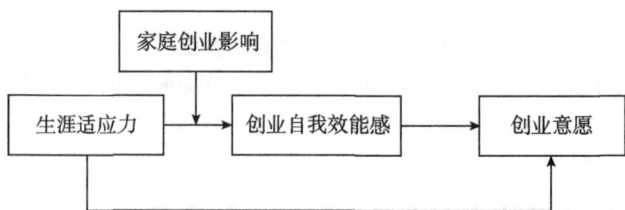

图 3-3　Tolentino 等（2014）的理论模型

资料来源：笔者根据 Tolentino 等（2014）的研究整理所得。

Obschonka 等（2018）在 Tolentino 等（2014）研究的基础上，进一步检验了生涯适应力与创业意愿的前因变量。他们通过 267 名叙利亚难民的研究数据发现，创业警觉性对生涯适应力和创业意愿均有显著的预测作用。自我效能感能够通过创业警觉性影响生涯适应力，该研究的理论模型如图 3-4 所示。这一研究虽然运用了更完整的生涯建构过程来解释生涯适应力与创业意愿的形成机制，然而，研究提出的生涯适应力与创业意愿的相关关系却并未得到验证。

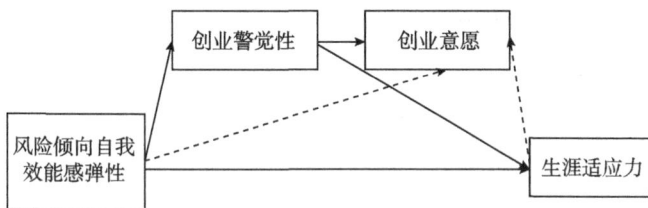

图 3-4 Obschonka 等（2018）的理论模型

资料来源：笔者根据 Obbschonka 等（2018）的研究整理所得。

由上述文献梳理可知，生涯建构理论在创业意愿领域的运用已经具备一定研究基础，现有研究主要存在两点局限：其一，实证研究还很有限。尽管多位学者提出生涯建构理论的核心变量（生涯适应力）与创业意愿具有相关关系，然而对此假设的验证还缺乏有力证据。并且，现有研究还未有效检验生涯适应力在"个体适应性—创业意愿"之间的中介作用。其二，研究样本的局限。尽管学者提出，经历职业转换或面临重大挑战的个体往往需要具备创业精神和生涯适应力，才能主动接受外部机会，应对不确定的局势（Obschonka et al.，2018），然而，目前针对"生涯适应力—创业意愿"关系的研究往往集中于学生或员工的样本，而忽视了其他更为特殊的潜在创业者，这可能限制生涯建构理论在创业领域的应用。基于此，本书的研究一依据生涯建构理论，借鉴并拓展已有研究的概念框架，在提出生涯适应力与创业意愿关系的假设基础上，引入新的个体适应性变量（面子意识和优柔寡断），并进一步验证生涯适应力的中介传导作用，从而有助于拓展生涯建构理论在创业领域的应用。

第二节　社会认知职业理论及其在
创业意愿研究中的应用

一、社会认知职业理论阐述

社会认知职业理论（Social Cognitive Career Theory，SCCT[①]）最早由 Lent 等（1994）提出，是基于 Bandura（1986，1997）的社会认知理论发展形成的。SCCT 理论提供了三个相互关联的分段模型，通过三个核心变量（自我效能感、结果预期和个人目标）、情境和其他个人因素来解释个体职业发展的三个过程：一是学术和职业兴趣如何发展；二是个人如何做出教育和职业选择；三是如何实现教育和职业结果及其稳定性（Lent et al.，1994；Lent et al.，2008）。

在 SCCT 理论中，Lent 等（1994）将自我效能感定义为"与特定领域的绩效和活动相关的一组动态信念"。在个体克服障碍和应对困难的过程中，自我效能感会帮助特定行为的启动与应对行为的维持。SCCT 理论认为，自我效能感主要由四种信息来源或学习经验形成，包括个人成就或经历（Personal Performance Accomplishments）、生理和情感状态（Physiological and Affective States）、社会劝说（Social Persuasion）、替代性学习（Vicarious Learning）。

Lent 等（1994）将结果预期定义为"个人对执行特定行为的后果或结果的信念"。这些信念包括个体对执行目标行为所能获得的相关结果的期望：外在奖励（如经济回报）、自我导向结果（如自我认同）和任务结果。并且，SCCT 认为，影响自我效能感的信息或学习经验也会塑造个人对特定结果的预期。

个人目标是指一个人从事某项活动或产生一个特定结果的意愿（Lent et al.，1994）。SCCT 区分了选择内容目标（指选择要从事的活动）和绩效目标（指一个人要达到的成就或绩效水平）。通过设定个人目标，即使在没有外在奖励的情况下，个人也可以坚持完成任务并长期维持特定的行为。

自我效能感、结果预期和个人目标是 SCCT 的核心变量，并分别嵌入兴趣、

---

① 下文使用 SCCT 这一简称来表示社会认知职业理论。

选择和绩效这三个分段模型。其中,兴趣模型说明,个人兴趣的产生需要满足两个条件:一是他们对从事的活动有效能感;二是预期这些活动将产生积极的结果。自我效能感和结果预期之间的动态交互作用将导致目标或意图的形成,这些目标或意图随着时间的推移有助于个体维持相应的行为,从而在个体的青春期或成年早期形成稳定的兴趣。选择模型将职业目标和职业选择视为自我效能感、结果预期和兴趣不断相互作用的结果,并且,职业选择受到与个人直接相关的环境(如文化信仰、社会障碍、缺乏支持)的影响。绩效模型指出,个人成就、能力优势和已有绩效通过影响个人自我效能感和结果期望,进而影响绩效目标和水平。

总体而言,SCCT 以自我效能理论为基础,提供了一个全面的框架来理解职业兴趣、职业选择和绩效的发展过程。在过去 10 年,基于 SCCT 已经产生了较丰富的研究成果,研究涉及多个领域,例如,学生职业探索(Lent et al.,2016)、职场性别身份管理(Tatum et al.,2017)等。但同时有学者也指出,除了验证假设,还需要努力开发或调整现有的测量工具,以便在跨文化的情境中测试 SCCT 相关变量的有效性。

在早期 SCCT 的基础上,Lent 和 Brown(2013)整合形成职业自我管理的社会认知模型(Social Cognitive Model of Career Self-Management,以下简称 CSM 模型),具体模型框架如图 3-5 所示,旨在帮助人们在不同的环境中指导自己的职业和教育行为。先前的 SCCT 模型侧重于解决与职业内容相关的问题,如个人感兴趣的职业类型,希望从事的领域等。CSM 模型则更关注个人管理职业行为的过

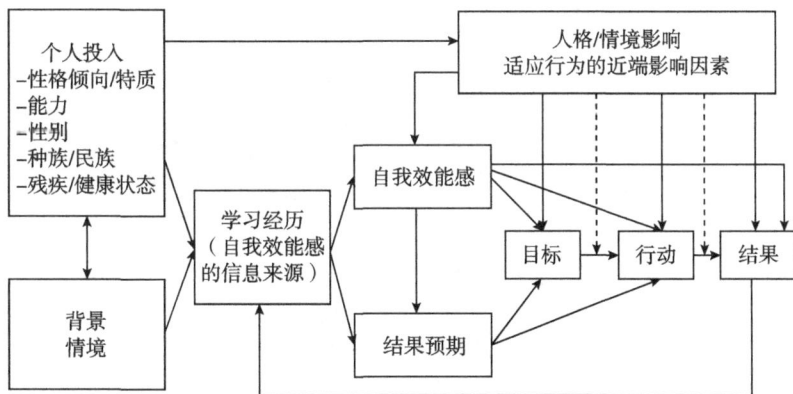

图 3-5 基于 SCCT 理论的 CSM 模型

资料来源:Lent 和 Brown(2013)。

程，例如，研究个体寻找工作、平衡工作和非工作角色、协调工作过渡的机制等（Lent et al.，2017）。根据 CSM 模型，个体采取的特定职业行为是对职业的适应性过程。在此过程中，自我效能感和结果预期促进了人们参与这些行为（目标）的意图以及这些行为的实际实施。此外，在 CSM 模型中，个人和情境因素也直接或间接地阻碍或促进目标和行动。

二、SCCT 理论在创业意愿研究中的应用

自 SCCT 理论提出后，多项研究开始运用该理论模型来解释职业发展过程中的一系列问题。例如多角色规划与管理（Kim et al.，2018）、求职（Lim et al.，2016）、职业探索与职业决策（Ireland & Lent，2018）等。在创业意愿的研究中，使用 SCCT 理论的 CSM 框架来考察创业意愿的研究也取得一定的成果（Liguori et al.，2020；Pérez-López et al.，2019；Santos & Liguori，2020）。这些文献一定程度验证了 SCCT 预测创业意愿的有效性。下文将对其中的部分代表性研究进行阐述，以说明从这一理论视角来探讨创业意愿是可行且必要的。

Austin 和 Nauta（2015）运用 SCCT 解释了榜样作用与创业意愿的关系，该研究的理论模型如图 3-6 所示。他们通过 620 名女性大学生的调查数据发现，创业榜样的数量、与榜样的互动强度均能通过创业自我效能感进而影响女性创业意愿。尽管该研究一定程度验证了 SCCT 在创业领域的应用，但研究并未探讨 SCCT 的另一核心变量（结果预期）对女性创业意愿起到的作用，这导致该研究对 SCCT 的验证受到了限制。

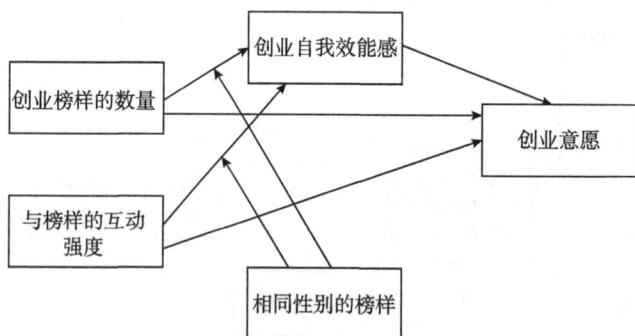

图 3-6　Austin 和 Nauta（2015）的理论模型

资料来源：Austin 和 Nauta（2015）。

Pfeifer 等（2016）验证了更加完整的 SCCT 模型在创业领域的效用，该研究的理论模型如图 3-7 所示。学者通过对克罗地亚商科学生的实证研究，检验了 SCCT 提出的个人因素、情境因素、创业自我效能感、创业结果预期与创业意愿之间的关系，但 SCCT 模型中提出的中介机制并未在该研究中得到验证。

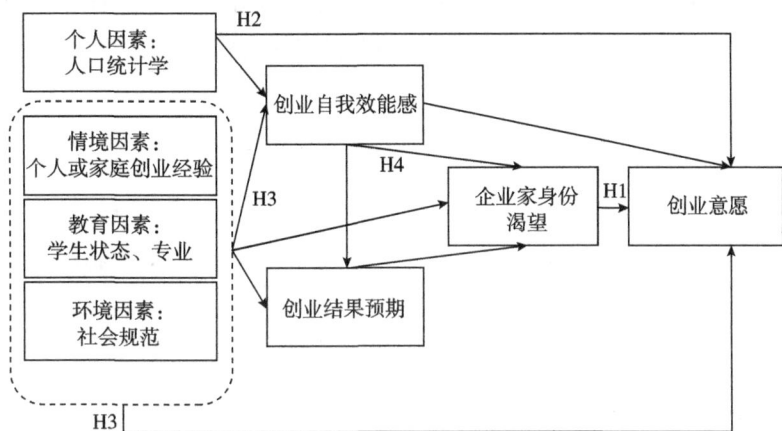

图 3-7　Pfeifer 等（2016）的理论模型

资料来源：Pfeifer 等（2016）。

Liguori 等（2018）基于 SCCT 构建了一个针对创业意愿研究的理论模型，如图 3-8 所示。该理论模型指出，个人投入（Person Inputs）（包括一般化的自我效能感、性别、民族）与环境/背景投入（Environmental/Background Inputs）（包括先前工作经验、先前创业经验、家庭创业影响）均会影响个体的创业自我效能感及结果预期，并进一步影响个体创业意愿，但该理论模型还未得到实证检验。

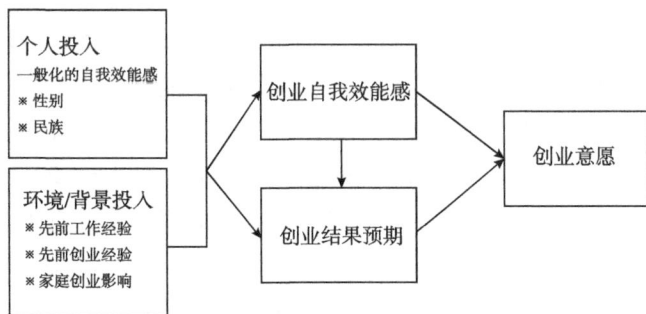

图 3-8　Liguori 等（2018）的理论模型

注：※控制变量

资料来源：Liguori 等（2018）。

Pérez-López 等（2019）通过 376 名西班牙商科大学生的数据实证检验了 SC-CT 中的 CSM 模型在创业生涯决策领域的运用，该研究的理论模型如图 3-9 所示。该研究引入适应性探索行为与应对行为这两个中介变量，在已有研究的基础上，将创业生涯决策过程的研究向前推进了一步，研究了 CSM 模型的核心认知变量（自我效能感、结果预期与意愿）如何相互作用并最终影响个体做出创业决策的。研究结果验证了 CSM 模型提出的变量之间主要的直接与间接作用。

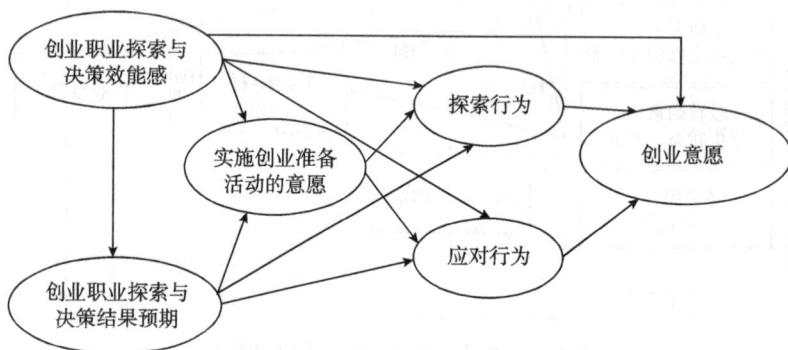

图 3-9 Pérez-López 等（2019）的理论模型

资料来源：Pérez-López 等（2019）。

总体而言，近年来部分实证研究证明了 SCCT 框架对解释创业意愿的有效性，然而，现有文献仍存在两点局限：其一，对 SCCT 框架的检验不够全面。SCCT 将自我效能和结果预期作为两类核心的社会认知变量，并指出效能感能够一定程度预测结果预期。然而，在现有文献中，通过 SCCT 解释创业意愿的研究并未充分关注结果预期的作用。例如，Austin 和 Nauta（2015）的理论模型虽然采用了 SCCT 的理论视角，然而他们仅关注了自我效能感，并未探讨结果预期这一变量。其二，对环境投入的探讨不够充分。尽管 SCCT 提出相关环境（例如，文化、社会、支持等）会影响个体职业选择（Lent & Brown，2013），然而，目前运用 SCCT 解释个体创业意愿的文献对环境投入的探讨十分有限，且主要集中于分析微观环境（例如，创业榜样的影响）。基于此，本书的研究二引入 SCCT框架，在已有研究基础上，从环境变量方面来拓展 SCCT 在创业领域的运用。

第三节 个体—环境匹配理论及其在创业意愿研究中的应用

一、个体—环境匹配理论阐述

个体—环境匹配理论（Person-Environment Fit Theory，P-E Fit）的起源可以追溯到学者 Parsons（1909）提出的帕森斯环境匹配模型。该模型起初用于解释个人兴趣与能力的相互作用如何影响个体的职业决策。随后，大量学者对个体—环境匹配的概念进行了拓展与延伸（Kristof，1996）。该理论强调个体与所处环境之间的交互作用对个体态度和行为结果的影响。理论指出，个人的态度与行为结果是由个体特征与外部环境的匹配而决定的，个人与环境良好的匹配更能够产生积极的匹配结果，如更高的绩效、更高的满意度等（Kristof-Brown et al.，2005）。在个体—环境匹配理论的架构之下，学者们又扩展了不同角度的匹配，内容涵盖了不同的层次（Jansen & Kristof-Brown，2006；Kristof，1996）。例如，个体—职业匹配（Person-Vocation Fit，P-V Fit）、个体—组织匹配（Person-Organization Fit，P-O Fit）、个体—个体匹配（Person-Person Fit，P-P Fit）。

根据个体—环境匹配理论，当外部环境能够为个人提供其期望的资源时，或者说，个人的期望与外部环境协调一致时，就达到匹配状态。上述不同层次的匹配并非割裂的，而是有部分的重合。例如，个人与职业的匹配、个人与工作的匹配均暗含了工作需求与供给的匹配，强调工作供给是否满足个人需求。在创业研究领域，学者引入个体—环境匹配的视角，进一步提出个人—创业匹配（Person-Entrepreneurship Fit）（Markman & Baron，2003）。并运用该理论解释个人创业自我效能感与感知创业匹配度如何影响个人创业的意愿及创业成功的可能性。个体判断自身与创业是否匹配的一个标准在于他们所接收到的社会信息（如报纸、新闻等）。这些信息向个体传达创业过程能够为他们提供什么，是否与他们的个人特征相适应？进而帮助个体做出创业决策。

二、个体—环境匹配理论在创业意愿研究中的应用

在创业研究中，学者强调了个体—环境匹配理论对理解创业意愿的重要性，但相关研究还很少。本书整理了近年来采用该理论研究创业意愿的部分文献，具体如下：

Dheer 和 Lenartowicz（2019）基于个体—环境匹配理论，探讨了认知灵活性与创业意愿的关系，该研究的理论模型如图 3-10 所示。他们通过 440 名美国东南部大学生的调查数据发现，认知灵活性能通过创业自我效能感与风险态度影响学生创业意愿。尽管该研究通过引入个体—环境匹配理论丰富了现有创业意愿的研究视角，但并未检验环境作用在匹配过程中起到的作用，而只探讨了个体本身对环境的心理适应，这可能导致该理论在解释创业意愿时有一定的局限。

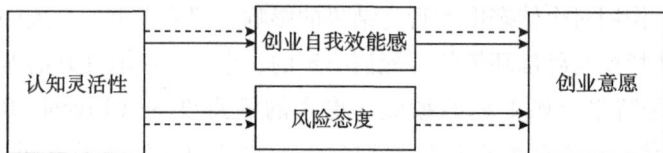

图 3-10　Dheer 和 Lenartowicz（2019）的理论模型

资料来源：Dheer 和 Lenartowicz（2019）。

此外，Hsu 等（2019）对个体—环境匹配理论进行了拓展，提出个人—创业匹配的概念，并通过两项实验检验个体感知自身对创业的匹配是如何影响创业意愿的。研究发现，当个体感知自身与创业活动高度匹配时，创业自我效能感能够更好地预测创业意愿，但如果个人感知自身条件并不适合创业时，创业自我效能感对创业意愿的预测效果便不再显著。这一研究表明，尽管先前研究发现创业自我效能感是预测创业意愿的有效指标，但个体—环境匹配的视角指出了"创业自我效能感—创业意愿"二者关系的边界条件。

如前文所述，环境是影响创业意愿形成和发展的重要因素。根据个体—环境匹配理论，个人期望与外部环境协调一致时，或当外部环境能够为个人提供其期望的资源时，个体倾向于选择与他们个人特征相适应的职业路径。尽管该理论强调个体和环境的协调，然而现有研究却主要关注个体心理上的匹配感，忽视了客观环境的作用。例如，Dheer 和 Lenartowicz（2019）在其研究中，将认知灵活性

视为个体适应和匹配环境的重要变量，但并未检验客观环境在匹配过程中发挥的作用。个体在职业生涯的不同阶段具有不同的目标和需求，环境变化以及环境提供的资源是否能够满足个体的目标与需求一定程度上决定了个体的职业选择。一般来讲，人们更倾向于选择可以满足自身需求、发挥自身价值的职业，从而达到个体与环境/职业的良好匹配。从这个角度来看，当个人感知外部环境能够带来创业机遇，而自身又具备创业能力时，个体将拥有更高水平的创业意愿。基于此，本书的研究三依据个体—环境匹配理论，引入外部环境因素——创业培训，并探讨个体如何匹配创业培训与自身就业能力，进而发展创业意愿。通过整合个体因素与环境因素，进一步拓展个体—环境理论在创业意愿研究中的应用。

第四节 本章小结

本章系统梳理了生涯建构理论、SCCT 理论、个体—环境匹配理论，以及这些理论在创业领域的研究成果。一方面，通过整理、总结相关理论的文献，对文章所用理论的内容、研究进展有了全面的了解。总的来看，已经有学者开始将职业理论用于解释创业现象，但相关文章还比较少，且仍有许多理论假设未得到实证研究的充分检验。另一方面，通过梳理基于这三个理论的创业研究，不仅再次佐证了三个理论在创业意愿研究中的有效性，同时也能发现已有研究可以进一步拓展的方向。因此，本书后几章内容试图引入这三个理论视角，分别探讨不同视角下农民创业意愿的形成过程。

第四章 研究一：个体因素与农民创业意愿
——基于生涯建构理论

通过第三章对生涯建构理论的回顾可知，生涯建构理论对解释创业意愿的形成有一定的效用，但将该理论运用于创业领域的研究尚不够充分。鉴于此，本章基于生涯建构理论，探讨本土环境下农民创业意愿的个体影响因素与形成机制。首先，根据生涯建构理论，结合本书的研究目的，构建本研究的理论框架；其次，通过问卷调查和分析，对研究假设进行验证；最后，对实证研究的结果进行讨论与总结。本章的主要内容与结构安排如图4-1所示。

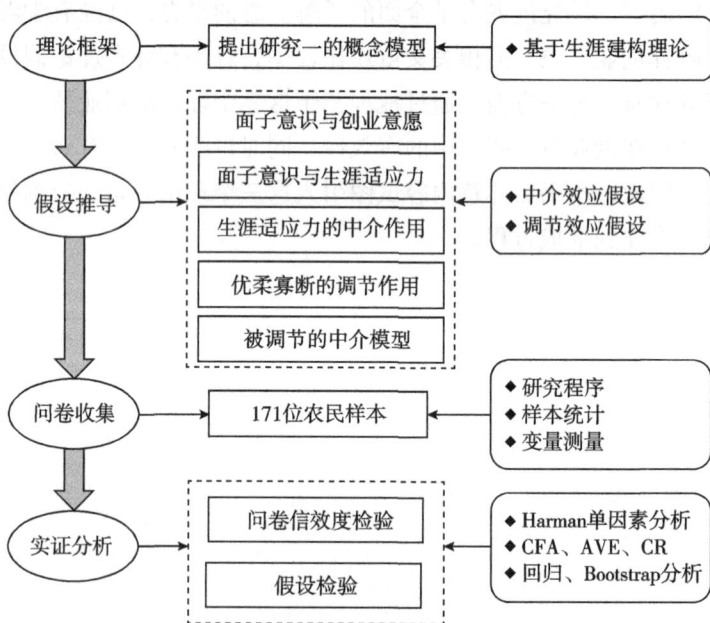

图4-1 研究一的主要内容与结构安排

资料来源：笔者绘制。

第一节 研究一的理论框架

创业是个人能动性的一种表现形式，是劳动力市场上机会有限的个人融入社会和经济生活的重要渠道（Obschonka et al.，2018）。农民创业在微观层面不仅能够促进发展中国家农民群体的主观幸福感（Markussen et al.，2017），在宏观层面对促进国家经济发展和改革也具有极其重要的意义（林嵩等，2016；Yu et al.，2013）。因此，本章聚焦农民群体，探讨农民个人因素如何影响其创业意愿。基于已有学者的观点（Pérez-López et al.，2019；Tolentino et al.，2014；Wilson et al.，2007），本章将创业视为一种适应性职业行为，创业意愿则表示个体将创业作为未来职业的兴趣程度。

《中华人民共和国国民经济和社会发展第十四个五年规划和2035年远景目标纲要》明确指出，深入推进以人为核心的新型城镇化战略，加快农业转移人口市民化，完善城镇化空间布局。在此背景下，农村面貌发生了巨大变化，对农民的生活和生产方式也形成了很大的影响。一些学者在新型城镇化背景下开始探讨农民的发展问题（钟唯和周慧，2023），但多数研究主要关注政府政策如何引导农民就业以及就业体系构建与评价方面，而忽视了农民本身的能动性。生涯适应力作为能动性的一种表现，能够指导个体进行自我雇佣，从而应对职业变化（Obschonka et al.，2018）。生涯适应力是生涯建构理论的核心变量，代表个人的心理社会资源（Savickas，2002，2009）。有了这些适应能力，个人就有可能形成适应策略，并有效解决职业环境中陌生或复杂的职业问题（Savickas & Porfili，2012）。大量实证研究表明，生涯适应力是一系列重要且普遍有效的职业能力，能够帮助人们适应环境变化，进行心理调整并最终适应环境（Fiori et al.，2015；Guan et al.，2013；Hirschi et al.，2015）。因此，本章拟探讨农民生涯适应力在农民创业过程中的作用，以及生涯适应力如何塑造个体的创业倾向。

鉴于生涯适应力在个体适应环境过程中的重要性，因此对就业能力有限的农民群体，提升其生涯适应力极为重要。然而，基于中国情境的生涯适应力前因变量研究却十分有限。Savickas 和 Porfili（2012）指出，国家的文化差异会形成个体不同的社会认知与职业能力，鉴于此，是否有某些典型的中国人的性格特征可能影响农民的生涯适应力？本章将引入具有中国文化特点的个人因素来回答这一问题。作为中国人典型的社会交往模式，"面子"在中国人的心理倾向和行为模式方面有着重要影响（陈之昭，2006）。想要面子与怕丢面子的意识可能导致个体分别采取主动性与回避性的行为策略（张新安，2012；Hwang et al.，2003）。因此本章认为，不同的面子意识会对农民个人能动性产生不同的影响。也就是说，想要面子与怕丢面子会以不同的作用机制影响农民的生涯适应力，进而影响其创业意愿。此外，优柔寡断的性格在职业决策中的消极作用受到诸多学者的重视（Germeijs & De Boeck，2002；Santos et al.，2014），然而，在创业生涯决策过程中，优柔寡断如何影响个体的创业生涯发展？对这一问题的探讨几乎是空白的。本章认为，优柔寡断在个体创业生涯中的作用与在一般职业生涯中的作用类似，可能降低个体的能动性，并进一步阻碍个体的创业倾向。

综上所述，本章以生涯建构理论为基础，探讨个体适应性差异（面子意识和优柔寡断）、生涯适应力与创业意愿的关系，具体理论模型如图 4-2 所示。

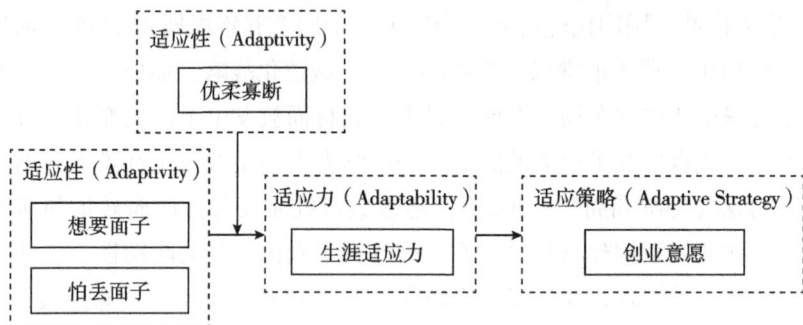

图 4-2　研究一的概念模型

资料来源：笔者绘制。

第二节　研究假设

一、面子意识与农民创业意愿

面子意识会影响个体的职业倾向（Begley & Tan，2001）。个体对面子的感知又分为积极的感知与消极的感知，想要面子和怕丢面子属于面子意识中不同的方面，对个人行为认知起到的作用也有差别（Hwang et al.，2003；Zhang et al.，2011a）。本章认为个体想要面子与怕丢面子的意识在职业兴趣的形成过程中发挥不同的作用。想要面子能够诱发农民的创业意愿，具体而言：首先，农民自主创业作为解决就业与"三农"问题的一种有效途径，受到政府的重视和支持（朱红根和康兰媛，2013）。面子将人们与特定的社会结构联系起来，使人们的行为指向社会价值倡导的方向（Earley，1997），于是，他们会倾向于选择可行且被社会鼓励的职业道路。其次，由于农民本身就业能力在劳动力市场上缺乏竞争优势，难以获得高技术要求的工作（郭金云和江伟娜，2010）。而创业可以获得可观的收入（Murnieks et al.，2020；Shane et al.，2003），并且相对于"给别人打工"，"做老板"意味着自己具有一定的自主性和权力。因此，可以推断，想要面子的意识越强，农民的创业意愿程度越高。

另外，创业具有高风险性和高不确定性的特征，这导致了创业的高失败率（Boyd & Gumpert，1983）。相对于成为工资获得者，创业可能使农民面临更大的不确定性。一些学者指出，相对于面子的积极感知（即得面子），面子的消极感知（即丢面子）对个体的影响更大（Kim & Nam，1998；朱瑞玲，1987）。生意失败可能使人失去现有的社会地位，还可能让家人失望，这种失败会使人感到"丢面子"，并且带来一种羞耻感（Begley & Tan，2001）。当农民把创业作为一种职业时，他们不得不面对失败的风险以及失败可能带来的羞耻。越是害怕丢面子的个体越倾向于回避可能带来失败的事件（Hwang et al.，2003），因此越可能回避创业。事实上，有学者已经指出（Begley & Tan，2001；史达，2011），怕丢面子意识会阻碍个体的创业倾向。据此，本章提出以下假设：

假设4-1a：想要面子意识对农民创业意愿具有正向影响。

假设4-1b：怕丢面子意识对农民创业意愿具有负向影响。

二、面子意识与生涯适应力

根据生涯建构理论（Savickas & Porfeli，2012），个体的性格特征反映了个体的适应性准备，喜欢变化和挑战（即拥有较高水平的适应性准备）的个体更有可能拥有较高的适应力。面子意识是一种相对稳定的个体特征（于春玲等，2019），是中国人与他人交往过程中的一种强烈的行为动机（周美伶和何友晖，1993）。面子问题源于他人对自己的期望，会驱使人们为了获得他人的认可而管理和约束自己的行为（Hwang et al.，2003），具体来看有以下两个方面。

一方面，面子代表了一种社会地位和尊严（Ho，1976；金耀基，1988），得到面子意味着得到尊重和认可，这会使人体验到一系列的积极情绪，如高兴、光荣等（朱瑞玲，1987）。这些积极情绪作为心理奖赏，会进一步激发个体争取面子的行为和意愿，如发挥所长、力求上进等（陈之昭，2006；周美伶和何友晖，1993）。想要面子的个体关注别人对自己的夸奖，他们渴望自己出人头地，有所成就（Chou，1996）。为了获得更多的面子，个体与他人交往时会采取某些行为来管理和传播积极形象，更积极地表现出符合社会规范的行为（Earley，1997；张敏，2013）。可以推断，对面子的渴望能够激励个体设定挑战性的目标并努力实现这些目标，以此获得他们期望的积极形象。因此，本章认为越想要面子的个体越可能采取积极的行为来提升自己的职业能力以获得成功，这有助于生涯适应力的形成与发展。

另一方面，丢面子会诱发消极情绪，如生气、压抑、焦虑等（朱瑞玲，1987）。集体主义文化下，个体对避免丢面子的注意力多于想挣面子（Chou，1996；Hallahan et al.，1997）。有研究已经证明，为了避免丢面子，个体倾向于选择低调保守甚至是回避性的行为。例如，越是怕丢面子，个体越不愿意进行知识共享（Huang et al.，2011；王国保，2014）；个体怕丢面子的意识越强，越不愿意向他人寻求帮助（雷霄和唐宁玉，2015），也不愿意向他人寻求反馈意见（雷霄，2016）。而生涯适应力的相关研究表明，个体对信息和知识的回避不利于生涯适应力的发展（Cai et al.，2015；Chong & Leong，2017；Gong & Li，2019）。据此，本章提出以下假设：

假设4-2a：想要面子意识对农民生涯适应力具有正向影响。

假设4-2b：怕丢面子意识对农民生涯适应力具有负向影响。

三、生涯适应力的中介作用

生涯适应力作为一种重要的自我调节能力，能够帮助弱势群体应对职业突发事件与职业转换（Pajic et al.，2018）。城镇化的发展使很多农民来到城市寻找非农就业途径，这些农业转移人口的职业发生了变化。同生涯适应力一样，创业是个人能动性的一种体现（Obschonka et al.，2018）。生涯适应力越强的个体对自身创业能力的感知，以及为实施创业行为所做的准备都会更强（梁祺和王影，2016）。事实上，已经有一些学者开始关注生涯适应力与创业意愿之间的关系，并且通过不同的研究对象对二者的关系进行检验，但结论尚有不一致之处。例如，梁明辉和易凌峰（2017）、Tolentino 等（2014）分别以大学生为对象，验证了生涯适应力对创业意愿的正向作用；但是，Obschonka 等（2018）以难民为样本进行结构方程模型分析，结果并未证明生涯适应力与创业意愿之间的显著关系。因此，本章试图通过农民这一群体进一步检验生涯适应力与创业意愿的关系，因为适应力是一种心理资源，使个体在追求职业目标时更善于识别商业机会、调动资源、利用不确定性并适应新环境（Tolentino et al., 2014），由此本章认为，生涯适应力越强的农民在新型城镇化背景下越倾向于选择创业这种职业途径，并提出以下假设：

假设 4-3：生涯适应力对农民创业意愿具有正向影响。

结合假设 4-2a、假设 4-2b 与假设 4-3，本章进一步提出，个人想要面子意识所激发的成就需求会激励个体发展生涯适应力，并诱导个体通过创业的途径来获得他们想要的"面子"；而怕丢面子意识会使个体采取保守回避的行动策略，这有碍于生涯适应力的发展，而害怕失败的羞耻感会进一步削弱个体对创业的意愿。据此，本章提出以下假设：

假设 4-4a：生涯适应力在想要面子与创业意愿之间具有中介作用。

假设 4-4b：生涯适应力在怕丢面子与创业意愿之间具有中介作用。

四、优柔寡断的调节作用

个体性格特征的差异使其对环境变化的接受程度和响应程度有所差别（Savickas & Porfeli，2012）。优柔寡断的个体具有一些典型的人格特征，例如，低自信心、低自尊心、无助感、矛盾感和挫败感，以及将自己的处境归咎于他人的倾向（Salomone，1982）。这些特征导致他们在机会与选择面前常会感到焦虑与恐惧，因而难以做出决定。由此推断，优柔寡断的个体在其职业发展过程中，更容易伴随消极的情绪与低质量的职业决策（Kokkoris et al., 2019；Öztemel，2013；Savickas，2004），而不利于其职业能力的提升。具体而言，当个体想要面子的意识较强时，他们迫切想要提高自己的能力来获得他人的认可。但如果他们同时具有优柔寡断的性格，这会使他们常常怀疑自己的决策策略（Rassin & Murris，2005b），降低他们对选择的承诺度（Germeijs et al., 2006），最终可能降低他们决策的质量（Bavolar，2018）。此时，对面子的渴望与消极的决策结果会加深他们的挫败感，降低他们的自尊心，这不利于生涯适应力的培养（Cai et al.,

2015）。相反，相比优柔寡断的个体，果断的人往往更可能表现出自尊与乐观（Gati et al.，2011），当个体想要获得面子，同时又行为果断时，他们会及时行动，更能够抓住稍纵即逝的机会。因此，优柔寡断可能减缓了想要面子与生涯适应力的正向关系。据此，本章提出以下假设：

假设4-5a：优柔寡断在想要面子和生涯适应力之间起调节作用。优柔寡断的程度越高，想要面子与生涯适应力的正相关关系越弱，反之越强。

类似地，优柔寡断也会影响个体怕丢面子意识与生涯适应力之间的关系。本章认为，优柔寡断是一种缺乏适应性的表现。优柔寡断的个体在职业发展过程中，为了回避决策与选择，会失去很多发展职业能力的机会，从而阻碍生涯适应力的提高。具体而言，优柔寡断的个体往往表现出一些个人问题，如焦虑、缺乏自信等（熊红星和郑雪，2011），他们更容易将不确定的情况视为一种威胁，从而延迟或回避在复杂情况下做出决策（Rassin & Murris，2005b）。如前所述，个体越害怕丢面子，越容易采取回避性的行动策略，当个体的性格同时又优柔寡断时，他们对不确定性的恐惧会放大，并导致个体不愿意轻易改变现状——即形成惰性（Sautua，2017）。因此，当个体的优柔寡断水平较高，并且怕丢面子意识较强时，个体更可能表现出较低的主动性与行动倾向。这种低主动性有碍于个体生涯适应力的提高（Zhou，2017）。据此，本章提出以下假设：

假设4-5b：优柔寡断在怕丢面子和生涯适应力之间起调节作用。优柔寡断的程度越高，怕丢面子与生涯适应力的负相关关系越强，反之越弱。

五、被调节的中介模型

在前文中，本章提出生涯适应力在面子意识与创业意愿之间具有中介作用，进一步地，本章提出整合模型，认为优柔寡断的个体特征对该中介作用具有调节效应。具体来说，优柔寡断与神经质、脆弱等个体特征正相关，而与外向性和责任心等特征负相关，这种性格倾向的个体往往行动拖延（Germeijs & Verschueren，2011）。而想要面子的个体渴望成就与地位。当这种高成就需要与低行动倾向相互作用时，个体可能会体验到更多的沮丧、抑郁等消极情绪，从而降低个体的能动性。此时，想要面子意识影响创业意愿的间接作用便会受到抑制。相反，当个体性格果断时，对面子的渴望会激励他们积极行动，激发一系列有利于职业发展的行为，如寻求反馈（Hwang et al.，2003），个体的能动性得到充分调动，进而有助于提升其自主创业意向（Obschonka et al.，2018）。另外，优柔寡断的人通常会以消极的态度看待不确定的情况，并做出"安全好过后悔"的保守决定，而这种谨慎的决策风格与不确定性容忍度负相关（Rassin & Murris，2005b）。因此，对害怕丢面子的个体，当他们越不能忍受不确定性时，对环境的适应力便会降低，并且倾向于选择不创业这种高风险的职业路径。相反，性格果断的人更加自信、乐观，这种性格特征有助于个体了解并积极投入职业转换（Perera & McIlveen，2014）。可以推断，优柔寡断的性格可能加剧怕丢面子对创业意愿的负向作用。据此，本章提出以下假设：

假设 4-6a：优柔寡断的性格会调节生涯适应力对想要面子与创业意愿的中介作用：优柔寡断的程度越高，生涯适应力在想要面子与创业意愿之间所起的中介效应越弱，反之越强。

假设 4-6b：优柔寡断的性格会调节生涯适应力对怕丢面子与创业意愿的中介作用：优柔寡断的程度越高，生涯适应力在怕丢面子与创业意愿之间所起的中介效应越强，反之越弱。

综上所述，本章共提出 11 个假设，具体如表 4-1 所示。

表 4-1 本章假设汇总

假设	假设内容
假设 4-1a	想要面子意识对农民创业意愿具有正向影响
假设 4-1b	怕丢面子意识对农民创业意愿具有负向影响
假设 4-2a	想要面子意识对农民生涯适应力具有正向影响
假设 4-2b	怕丢面子意识对农民生涯适应力具有负向影响
假设 4-3	生涯适应力对农民创业意愿具有正向影响
假设 4-4a	生涯适应力在想要面子与创业意愿之间具有中介作用
假设 4-4b	生涯适应力在怕丢面子与创业意愿之间具有中介作用
假设 4-5a	优柔寡断在想要面子和生涯适应力之间起调节作用。优柔寡断的程度越高，想要面子与生涯适应力的正相关关系越弱，反之越强
假设 4-5b	优柔寡断在怕丢面子和生涯适应力之间起调节作用。优柔寡断的程度越高，怕丢面子与生涯适应力的负相关关系越强，反之越弱
假设 4-6a	优柔寡断的性格会调节生涯适应力对想要面子与创业意愿的中介作用：优柔寡断的程度越高，生涯适应力在想要面子与创业意愿之间所起的中介效应越弱，反之越强
假设 4-6b	优柔寡断的性格会调节生涯适应力对怕丢面子与创业意愿的中介作用：优柔寡断的程度越高，生涯适应力在怕丢面子与创业意愿之间所起的中介效应越强，反之越弱

第三节　研究方法

一、问卷设计与样本统计

本章采用实地调研与线上填写问卷的方式收集数据。样本主要来自四川地区部分市县郊区。四川作为农业人口占比较大的省份,有利于开展农民创业的研究。研究人员联系了政府相关部门的工作人员,向他们阐明研究目的。在工作人员的帮助下,获得部分农民的联系方式,通过"滚雪球"的方式招募被访者。在正式调研之前,选取 20 位农民进行预调研,根据被访者的反馈,对问卷设计与部分题目作进一步调整,在不改变量表原意的前提下,使题目的表述更简单易懂。随后,以研究团队的形式,对农民进行一对一的正式调研。在线下调研过程中,研究人员在问卷发放之前向被访者阐明研究目的,并强调参与调研的自愿性和匿名性,获得被访者口头同意后,向其发放问卷。研究团队拜访的每一户家庭最多选取一名男性与一名女性作为调研对象。为了提高被访者的参与度,每一位填写问卷的农民可以获得一件小礼品。对线上参与调研的农民,主要来自线下被访者的推荐,并通过在线问卷调研平台进行问卷填答。每一位参与网上调研的参与者,在问卷经过审核后,可获得一笔微小数额的奖金,该奖金通过网上问卷平台进行发放。

研究团队最终共回收 206 份问卷,并对这些问卷进行核对,删除信息缺失较多或答案雷同的问卷,例如,如果一个量表中有三个以上的项目没有评分,那么这份问卷将不包括在最终分析中;删除线上填写时间过短,以及重要信息缺失的问卷。在问卷核对过程中,共删除 35 份无效问卷,最终获得 171 份有效问卷,有效回收率为 83.0%。鉴于样本量较小,本章使用 G * power 程序进行了事后功效分析。在总样本量为 171 的情况下,实际统计功效为 99.3%,效应量为 0.17。因此,目前的研究样本量被认为足以进行回归分析。对纳入最终分析的问卷,缺失值被整体样本的平均值所替代。

在最终的 171 份问卷中,女性占比为 53.2%,男性占比为 46.8%;年龄为 26~30 岁的农民占多数,比例为 35.0%;大多数参与调研的农民的文化程度为初中及以下，比例为 38.0%；75.4%的参与者已婚；家庭年收入小于 10 万元的占多数；有过创业经验的参与者仅为 22.8%；接受过创业教育的参与者占比 18.1%。样本特征具体分布如表 4-2 所示。

表 4-2　本章样本特征的分布情况

基本特征		比例（%）	基本特征		比例（%）
性别	男	46.8	是否受过创业教育	是	18.1
	女	53.2		否	81.9
年龄	18~25 岁	18.1	先前创业经验	有	22.8
	26~30 岁	35.0		无	77.2
	31~35 岁	17.0	家人是否创业	是	53.8
	36~40 岁	7.0		否	46.2
	41~45 岁	9.4	朋友是否创业	是	82.5
	46 岁及以上	13.5		否	17.5
婚姻状况	已婚	75.4	家庭年收入	小于 5 万元	29.2
	未婚	24.6		5 万~10 万元（不足 10 万元）	40.9
受教育程度	初中及以下	38.0		10 万~15 万元（不足 15 万元）	15.2
	高中/中专	26.3		15 万~20 万元（不足 20 万元）	11.7
	大专	14.6		大于 20 万元	3.0
	本科及以上	21.1			

注：N=171。

二、变量测量

本章所有使用的量表均为成熟量表，且采用双向互译程序将原始英文题目翻译成中文（Brislin et al.，1973）。首先，一位管理学双语博士生将英文版本的量表逐题翻译成中文。其次，由另一位对原始量表不熟悉的管理学博士生将中文题项逐一翻译成英文。再次，由这两位翻译者对两份英文版问卷进行检验，找出翻译与原文不一致以及存在歧义的地方。最后，翻译原始量表的研究人员和一位创业管理领域的教授对比原始英文量表和经过双向翻译的英文量表，发现两者之间只有细微的差异。经过研究人员讨论，对中文量表进行了细微调整，使其更符合中国人的语言表达习惯。除非特别说明，所有变量均采用李克特五点量表衡量，

1 代表"非常不同意",5 代表"非常同意"。

1. 自变量

面子意识。本章使用 Zhang 等（2011a）编制的社会面子意识量表来测量农民的面子观。该量表在中国人面子意识的相关实证研究中被广泛采用（杜伟宇和许伟清,2014；雷霆和唐宁玉,2015；张新安,2012；张敏,2013；王艳子等,2016),被证实信度和效度较好。量表共 11 个条目,包含两个维度。其中,"想要面子"共 6 个条目,示例题目如"我希望大家觉得我能做到一般人做不到的事";"怕丢面子"共 5 个条目,示例题目如"当谈及我的弱点时,我总希望转移话题"。具体条目如表 4-3 所示。

表 4-3 面子意识测量条目

编号	条目
GF1	我希望大家觉得我能做到一般人做不到的事
GF2	我希望自己在聊天时能说出别人不知道的事
GF3	我很在乎别人对我的夸奖和称赞
GF4	我希望拥有一般人没有但渴望拥有的物品
GF5	我很希望大家知道我认识一些头面人物
GF6	我希望在别人看来,我比大多数人都过得好
LF1	当谈及我的弱点时,我总希望转移话题
LF2	就算我真的不懂,我也尽量避免让别人觉得我很无知
LF3	我尽力隐瞒我的缺陷,不让其他人知道
LF4	如果我的工作单位不好,我会尽量不向其他人提起
LF5	就算是我错了,我也不会向别人当面认错

注：GF 表示想要面子；LF 表示怕丢面子。

2. 调节变量

优柔寡断。为了简化问卷,在测量个体优柔寡断时,研究中使用生涯决策困难量表（CDDQ）中的优柔寡断子量表（Gati et al.,1996）。该子量表共包含 4 个条目,示例题目如"我通常难以做出决定",具体条目如表 4-4 所示。

表 4-4 优柔寡断测量条目

编号	条目
Ind1	我通常难以做出决定
Ind2	我通常感到我需要专业人士或其他我信任的人认可并支持我的决定
Ind3	我常常担心我会失败
Ind4	我常常逃避作出承诺

注：Ind 表示优柔寡断。

3. 中介变量

生涯适应力。本章采用简短版本的职业生涯适应力量表（CAAS-SF）（Maggiori et al.，2017）测量农民的生涯适应力。生涯适应力量表的中国版本已经在中国情境下经过验证（Cai et al.，2015；Zhou，2017）。但原始量表包含条目数较多，容易引起填答者疲倦。Maggiori 等（2017）在原始量表的基础上，对条目进行了删减，最终保留了 12 个条目（具体如表 4-5 所示），包含 4 个维度（职业关注、职业控制、职业好奇、职业信心），每个维度 3 个条目。示例题目如"我关心自己的未来"，该量表已经开始被学者引用，且表现出较高的信效度（Urbanaviciute et al.，2019）。

表 4-5 生涯适应力测量条目

编号	条目
Conc1	我能为自己的将来做准备
Conc2	我关心自己的未来
Conc3	我清楚应该做出哪些教育和职业方面的选择
Cont1	我遇事能够独自做决定
Cont2	我能对自己的行为负责
Cont3	我可以依靠自己去实现目标
Curi1	我会主动寻找可以让我成长的机会
Curi2	我在做决定前会做充分调查
Curi3	我会观察做事情的多种方式方法
Conf1	我能够认真把工作做好

编号	条目
Conf2	我乐于接受学习新的技巧
Conf3	我对工作会全力以赴

注：Conc 表示职业关注；Cont 表示职业控制；Curi 表示职业好奇；Conf 表示职业信心。

4. 因变量

创业意愿。本章采用 Liñán 和 Chen（2009）开发的量表来测量农民的创业意愿。借鉴朱红根和康兰媛（2013）以农民为对象的研究，对原始量表进行细微的语句调整。该量表共 6 个条目（具体如表 4-6 所示）。示例题目如"我的职业目标是成为农民企业家"。

表 4-6 创业意愿测量条目

编号	条目
EI1	我已经做好成为创业者的所有准备
EI2	我的职业目标是成为农民企业家
EI3	我会尽一切努力创办和经营自己的企业
EI4	我决定将来要自己创业
EI5	我认真考虑过有关创业的事情
EI6	我坚信自己将来一定会创办企业

注：EI 表示创业意愿。

5. 控制变量

结合有关创业意愿的研究，本章的控制变量选取条件包括人口统计学特征、创业相关变量、自尊等方面，具体来讲，第一，借鉴已有创业意愿的研究（简丹丹等，2010；林嵩等，2016），本章控制了农民的性别、年龄、婚姻状况、受教育程度、家庭年收入等人口统计学因素。第二，研究控制了与创业活动相关的变量，包括是否有家人或朋友创业（Bloemen-Bekx et al.，2019；林嵩等，2016），是否受过创业教育（张秀娥等，2018），是否有过创业经历（Pérez-López，2019）。上述控制变量的选择与赋值如表 4-7 所示。

表 4-7　控制变量的选择与赋值

变量		变量赋值
人口统计学因素	性别	女=0；男=1
	年龄	18~25 岁=1；26~30 岁=2；31~35 岁=3；36~40 岁=4；41~45 岁=5；45 岁以上=6
	婚姻状况	未婚=0；已婚=1
	受教育程度	初中及以下=1；高中/中专=2；大专=3；本科及以上=4
	家庭年收入	5 万元以下=1；5 万~10 万元（不含）=2；10 万~15 万元（不含）=3；15~20 万元（不含）=4；20 万元以上=5
创业相关因素	家人是否创业	没有家人创业=0；有家人创业=1
	朋友是否创业	没有朋友创业=0；有朋友创业=1
	创业教育经历	未受过创业教育=0；受过创业教育=1
	个人创业经历	通过先前创业次数来衡量

由于面子与自尊密切相关，而实证研究表明自尊对生涯适应力与创业意愿均有显著影响（Cai et al.，2015；Laguna，2013），因此，本章控制了自尊这一变量。采用 Rosenberg（1989）开发的量表来测量农民的自尊水平。该量表共 10 个条目（具体如表 4-8 所示），量表的 Cronbach's Alpha 系数为 0.783。

表 4-8　自尊测量条目

编号	条目
SE1	总体来说，我对自己很满意
SE2	我认为我有很多优秀的品质
SE3	我能和其他人一样把事情做好
SE4	我觉得我是一个有价值的人，至少和别人是平等的
SE5	我对自己持积极的态度
SE6	有时我觉得自己一点也不好
SE7	我觉得自己没有什么值得骄傲的地方
SE8	我有时确实觉得自己没用
SE9	我希望我能多尊重自己
SE10	总之，我倾向于认为我是一个失败者

注：SE 表示自尊。

第四节　实证分析

一、共同方法偏差检验

横断面研究以及同源数据可能造成共同方法偏差（Common Methods Bias, CMB）。根据 Podsakoff 等（2003）的建议，本章在调研之前采用事前控制的方法来降低共同方法偏差的影响。在设计量表时，经过研究人员反复讨论和修改，使条目表述客观中性、准确易懂。调研初期，采用一对一的调研方式，向被访者强调研究的匿名性，并保证足够的时间解答被访者提出的问题和意见，力图通过以上方式使被访者反映其真实想法。问卷回收后，采用 Harman 单因素检验的方法对五因子模型（想要面子、怕丢面子、优柔寡断、生涯适应力与创业意愿）进行检验。将本章的五个核心变量同时纳入因素分析，得到的第一个未经旋转的主成分解释变异量（24.130%）未达到总变异解释量（61.668%）的 50%。因此，不存在严重的共同方法偏差对调研分析产生影响。

二、描述性统计分析

在假设检验之前，采用 SPSS 25.0 对研究变量进行描述性统计，包括变量平均值、标准差与相关系数，结果如表 4-9 所示。在核心变量中，想要面子与生涯适应力呈显著正相关（$r = 0.172$，$p < 0.05$）；怕丢面子与生涯适应力呈显著负相关（$r = -0.253$，$p < 0.01$）；生涯适应力与创业意愿呈显著正相关（$r = 0.283$，$p < 0.01$），想要面子与创业意愿没有显著相关关系（$r = -0.024$，$p = n.s.$），怕丢面子与创业意愿呈显著负相关（$r = -0.215$，$p < 0.01$）。以上结果为后文检验中介模型提供了初步的支持。

表 4-9　变量的描述性统计分析

变量	M	SD	1	2	3	4	5	6	7	8	9	10	11	12	13	14
1. 性别	0.470	0.500														
2. 年龄	2.950	1.657	0.023													
3. 婚姻状况	0.760	0.428	0.035	0.492**												
4. 受教育程度	2.190	1.158	-0.223**	-0.510**	-0.360**											
5. 家庭年收入	2.190	1.072	-0.070	-0.178*	-0.039	0.308**										
6. 创业教育	0.180	0.386	-0.015	0.006	-0.055	0.003	-0.012									
7. 个人创业经历	0.400	0.838	0.053	0.217**	0.204**	-0.184*	0.176*	0.059								
8. 家人是否创业	0.540	0.499	-0.114	0.127	-0.026	-0.027	0.135	0.089	0.219**							
9. 朋友是否创业	0.820	0.381	-0.091	0.237**	0.143	-0.125	0.168*	0.057	0.192*	0.373**						
10. 自尊	3.397	0.383	0.062	0.211**	0.101	-0.122	0.019	0.179*	0.054	0.114	-0.004					
11. 想要面子	3.129	0.748	-0.015	-0.046	-0.029	0.087	0.195*	-0.034	0.205**	0.085	-0.006	0.034				
12. 怕丢面子	2.808	0.728	0.053	-0.062	-0.127	0.060	-0.113	0.008	-0.116	-0.005	0.001	0.123	0.373**			
13. 优柔寡断	3.049	0.835	0.044	0.003	0.021	-0.097	-0.190*	0.064	-0.188*	-0.112	-0.133	0.295**	-0.166*	0.164*		
14. 生活适应力	3.782	0.680	0.030	-0.025	-0.051	0.259**	0.333**	0.081	0.190*	0.073	-0.007	0.098	0.172*	-0.253**	-0.143	
15. 创业意愿	3.072	0.848	-0.078	-0.057	-0.015	0.036	0.123	0.235**	0.103	0.168*	0.085	0.049	-0.024	-0.215**	-0.104	0.283**

注：N=171，* 表示 $p<0.05$，** 表示 $p<0.01$，*** 表示 $p<0.001$。

三、信度效度分析

表 4-10 显示了本章核心变量的聚合效度和信度分析结果。由表 4-10 可知，各个变量的 Cronbach's Alpha 系数均在 0.7 以上，组合信度（Composite Reliability，CR）均高于 0.6，说明测量量表信度较好。除"怕丢面子"的平均方差抽取率（Average Variance Extracted，AVE）较低外，其余变量的平均方差抽取率均高于 0.5。各个量表的因子载荷都在 0.5 之上，说明各量表的聚合效度在可接受的水平。

表 4-10　变量的因子载荷区间、AVE、CR 以及 Cronbach's Alpha 系数

变量	因子载荷	AVE	CR	Cronbach's Alpha
想要面子	0.629~0.790	0.511	0.862	0.807
怕丢面子	0.598~0.781	0.498	0.831	0.746
优柔寡断	0.772~0.813	0.628	0.835	0.702
生涯适应力	0.530~0.879	0.629	0.868	0.706
创业意愿	0.766~0.892	0.678	0.926	0.903
参考值	≥0.5	≥0.5	≥0.6	≥0.7

注：N=171，∗∗表示 $p<0.01$，∗∗∗表示 $p<0.001$。

此外，笔者利用 AMOS21.0 对本研究涉及的 5 个核心变量（想要面子、怕丢面子、优柔寡断、生涯适应力与创业意愿）进行验证性因子分析（Confirmatory Factor Analysis，CFA），将研究提出的五因子模型与备选模型进行对比，检验各个变量的区分效度。根据 Browne 和 Cudeck（1993）的建议，在验证性因子分析过程中，近似误差均方根（Root Mean Square Error of Approximation，RMSEA）小于 0.05 表示模型拟合效果良好，介于 0.05~0.08 表示拟合效果在中等水平，介于 0.08~0.10 表示在满足要求的范围。比较拟合指数（Comparative Fit Index，CFI）、Tucher-Lewis 指数（Tucker-Lewis Index，TLI）与递增拟合指数（Incremental Fit Index，IFI）大于 0.90 表示模型拟合效果可接受，大于 0.95 表示模型拟合效果良好。由表 4-11 的结果可知，五因子模型各项指标（χ^2（220）= 1.695、CFI=0.903、TLI=0.889、IFI=0.905、RMSEA=0.064）普遍在可接受的水平。尽管五因子模型的 TLI 指标略低，但其他拟合指标均在临界值之上，且明显比备选模型更优。其中，四因子模型将想要面子与怕丢面子合并为一个因子（$\Delta\chi^2$ (4) = 142.914）；三因子模型将想要面子、怕丢面子与优柔寡断合并为一个因子（$\Delta\chi^2$ (7) = 242.894）；二因子模型将想要面子、怕丢面子与优柔寡断合并为一个因子，将生涯适应力与创业意愿合并为一个因子（$\Delta\chi^2$ (9) = 445.558）；单因子模型合并所有变量为一个因子（$\Delta\chi^2$ (10) = 730.919）。以上结果说明研究涉及的变量具有较好的区分效度。

表 4-11 验证性因子分析结果

模型	χ^2	df	χ^2/df	CFI	TLI	IFI	RMSEA
五因子模型	372.859	220	1.695	0.903	0.889	0.905	0.064
四因子模型	515.773	224	2.303	0.815	0.791	0.818	0.088
三因子模型	615.753	227	2.713	0.754	0.725	0.758	0.100
二因子模型	818.417	229	3.574	0.627	0.587	0.632	0.123
单因子模型	1103.778	230	4.799	0.446	0.391	0.454	0.149

注：N=171。四因子模型：合并想要面子与怕丢面子。三因子模型：合并想要面子、怕丢面子与优柔寡断。二因子模型：合并想要面子、怕丢面子与优柔寡断为一个因子，合并生涯适应力与创业意向为一个因子。

四、假设检验

1. 面子意识与创业意愿

本章使用SPSS25.0进行回归分析，检验面子意识对创业意愿的作用。表4-12中模型5的结果表明，想要面子对创业意愿的作用不显著（B=-0.070、p=n.s.），由此，假设4-1a未得到验证。由模型3的结果可知，怕丢面子对创业意愿有显著的负向影响（B=-0.253，$p<0.01$）。假设4-1b得到验证。

2. 生涯适应力在面子意识与创业意愿间的中介作用

笔者借鉴已有研究（Chen et al., 2016；Zhou, 2017）的分析方式对中介作用进行检验，首先用SPSS进行初步的回归分析，其次用Process程序进一步验证中介效应（Hayes, 2013）。表4-12中模型2的结果表明，想要面子对生涯适应力的作用不显著（B=0.065、p=n.s.），由此，假设4-2a未得到验证。相应地，想要面子通过生涯适应力影响创业意愿的中介效应不存在，假设4-4a与假设4-6a

未得到支持。由表 4-12 中模型 3 的结果可知，怕丢面子对生涯适应力有显著负
向影响（B=-0.232、p<0.01）。假设 4-2b 得到验证。进一步地，在控制变量与
自变量的基础上加入中介变量之后，模型 7 的结果表明，生涯适应力对创业意愿
有显著的正向作用（B=0.306、p<0.01），假设 4-3 得到验证。怕丢面子对创业
意愿的作用减弱（由原先的 B=-0.253 变为 B=-0.185），表明生涯适应力在怕
丢面子与创业意愿之间具有部分中介作用，假设 4-4b 初步得到验证。

表 4-12　生涯适应力的中介效应检验

变量		生涯适应力			创业意愿			
		M1	M2	M3	M4	M5	M6	M7
控制变量	性别	0.126	0.127	0.149	-0.110	-0.109	-0.088	-0.136
	年龄	0.062	0.063	0.059	-0.054	-0.055	-0.056	-0.073
	婚姻状况	-0.065	-0.062	-0.107	0.062	0.059	0.014	0.043
	受教育程度	0.174**	0.171**	0.186***	-0.022	-0.019	-0.008	-0.065
	家庭年收入	0.161**	0.154**	0.138**	0.066	0.073	0.040	-0.002
	创业教育	0.107	0.114	0.095	0.486**	0.478**	0.474**	0.446**
	个人创业经历	0.142*	0.130*	0.127*	0.061	0.074	0.047	0.008
	家人是否创业	0.018	0.013	0.017	0.215	0.219	0.216	0.214
	朋友是否创业	-0.135	-0.126	-0.098	0.021	0.012	0.056	0.082
	自尊	0.131	0.126	0.201	0.021	0.026	0.096	0.034
自变量	想要面子		0.065			-0.070		
	怕丢面子			-0.232**			-0.253**	-0.185*
中介变量	生涯适应力							0.306**
	R^2	0.209	0.214	0.267	0.101	0.104	0.144	0.188
	ΔR^2	0.209***	0.005	0.058**	0.101	0.003	0.044**	0.022*
	F	4.230***	3.930***	5.258***	1.778	1.668	2.420**	3.029**

注：N=171，*表示 p<0.05，**表示 p<0.01，***表示 p<0.001。

为进一步检验生涯适应力在怕丢面子与创业意愿间的中介效应，采用 Boot-
strap 方法进行 5000 次重复抽样，中介检验结果中 95% 水平的置信区间不包含 0
（Indirect Effect=-0.069、Boot Se=0.044、95% CI=[-0.178，-0.007]），意
味着假设 4-4b 再一次得到验证。

3. 优柔寡断对面子意识与生涯适应力关系的调节作用

本研究中使用学者广泛采用的三步回归分析方法来检验优柔寡断的调节作用（Zhou，2017）。在进行回归分析之前，自变量与调节变量均做中心化处理（Aiken & West，1991）。如表 4-13 中模型 2 所示，优柔寡断在想要面子与生涯适应力的关系中具有显著的负向调节作用（B=−0.186、$p<0.01$），当农民优柔寡断的程度低时，想要面子意识对生涯适应力有显著的正向影响（Simple Slope = 0.182、95% CI = ［0.024，0.339］、$p<0.05$）；然而，当农民优柔寡断的程度高时，想要面子对生涯适应力的作用不再显著（Simple Slope = −0.129、95% CI = ［−0.315，0.057］、$p=n.s.$）。也就是说，优柔寡断的性格抑制了想要面子对生涯适应力的积极作用，假设 4-5a 得到支持。

表 4-13 中模型 4 的结果表明，优柔寡断在怕丢面子与生涯适应力的关系中具有显著的调节作用（B=0.202、$p<0.05$），农民优柔寡断程度高时，怕丢面子对生涯适应力有显著的负向影响（Simple Slope = −0.338、95% CI = ［−0.511，−0.166］、$p<0.001$）；然而，当农民优柔寡断的程度低时，怕丢面子与生涯适应力的关系不再显著（Simple Slope = −0.114、95% CI = ［−0.288，0.059］、$p=n.s.$）。以上结果表明，优柔寡断的性格加剧了怕丢面子对生涯适应力的负面影响，假设 4-5b 得到支持。

表 4-13　优柔寡断的调节效应检验

变量		生涯适应力			
		M1	M2	M3	M4
控制变量	性别	0.126	0.131	0.148	0.118
	年龄	0.059	0.049	0.056	0.059
	婚姻状况	−0.057	−0.051	−0.102	−0.125
	受教育程度	0.167**	0.165**	0.182***	0.172**
	家庭年收入	0.148**	0.143**	0.133**	0.123*
	创业教育	0.117	0.092	0.098	0.080
	个人创业经历	0.121*	0.113	0.120	0.093
	家人是否创业	0.007	−0.019	0.011	−0.035
	朋友是否创业	−0.134	−0.156	−0.104	−0.139
	自尊	0.170	0.222	0.232	0.252

续表

变量		生涯适应力			
		M1	M2	M3	M4
自变量	想要面子	0.057	0.026		
	怕丢面子			−0.227**	−0.221**
调节变量	优柔寡断	−0.063	−0.068	−0.047	−0.129
交互项	想要面子×优柔寡断		−0.186**		
	怕丢面子×优柔寡断				0.202*
R^2		0.219	0.255	0.269	0.312
ΔR^2		0.010	0.036**	0.060**	0.043**
F		3.686***	4.136***	4.857***	5.489***

注：仅对控制变量进行回归的模型在前面中介效应检验中已经列出，此处便不再列出；N=171，* 表示 $p<0.05$，** 表示 $p<0.01$，*** 表示 $p<0.001$。

为了检验有调节的中介模型（假设4-6b），采用 Process 程序分析在优柔寡断的高值与低值条件下，怕丢面子通过生涯适应力对创业意愿的间接影响（Preacher et al.，2007）。分析结果表明，当优柔寡断程度高时，95%水平的置信区间不包含0，说明怕丢面子通过生涯适应力对创业意愿的间接作用显著（Indirect Effect=−0.103、Boot Se=0.046、95% CI = [−0.197，−0.014]），然而，当优柔寡断程度低时，95%水平的置信区间包含0，说明此时这种间接作用不显著（Indirect Effect=−0.029、Boot Se=0.058、95% CI = [−0.188，0.039]）。在优柔寡断不同程度下，怕丢面子与创业意愿之间的间接作用差异不显著（差异值=−0.073、Boot Se=0.066、95% CI = [−0.183，0.102]），由此，假设4-6b未得到支持。

第五节　结论与讨论

一、研究结果

农民创业意愿的研究还比较缺乏，针对这一研究局限，本章基于生涯建构理论，分析探讨农民生涯适应力对其创业意愿的作用机制。实证结果验证了 Savic-kas（1997）提出的生涯建构过程。研究假设的最终检验结果汇总如表 4-14 所示。

表 4-14 研究一假设检验结果汇总

假设	假设内容	是否支持
假设 4-1a	想要面子意识对农民创业意愿具有正向影响	不支持
假设 4-1b	怕丢面子意识对农民创业意愿具有负向影响	支持
假设 4-2a	想要面子意识对农民生涯适应力具有正向影响	不支持
假设 4-2b	怕丢面子意识对农民生涯适应力具有负向影响	支持
假设 4-3	生涯适应力对农民创业意愿具有正向影响	支持
假设 4-4a	生涯适应力在想要面子与创业意愿之间具有中介作用	不支持
假设 4-4b	生涯适应力在怕丢面子与创业意愿之间具有中介作用	支持
假设 4-5a	优柔寡断在想要面子和生涯适应力之间起调节作用。优柔寡断的程度越高，想要面子与生涯适应力的正相关关系越弱，反之越强	支持
假设 4-5b	优柔寡断在怕丢面子和生涯适应力之间起调节作用。优柔寡断的程度越高，怕丢面子与生涯适应力的负相关关系越强，反之越弱	支持
假设 4-6a	优柔寡断的性格会调节生涯适应力对想要面子与创业意愿的中介作用：优柔寡断的程度越高，生涯适应力在想要面子与创业意向之间所起的中介效应越弱，反之越强	不支持
假设 4-6b	优柔寡断的性格会调节生涯适应力对怕丢面子与创业意向的中介作用：优柔寡断的程度越高，生涯适应力在怕丢面子与创业意愿之间所起的中介效应越强，反之越弱	不支持

二、研究启示

本章旨在从生涯建构理论的视角，以生涯适应力为核心变量，验证生涯适应力在个体面子意识与创业意愿之间的中介作用，以及个体优柔寡断的调节作用。具体来说，本章具有以下理论和实践启示。

1. 理论启示

第一，验证并拓展了生涯建构理论在创业意愿研究中的应用。尽管生涯建构理论对研究个体创业意愿提供了一个理论框架，学者也试图通过该理论来解释创业意愿的形成过程（梁祺和王影，2016；Obschonka, et al., 2018；Tolentino, et al., 2014）。但相关实证研究仍十分缺乏。本章基于这一理论，探讨了"个体适应性—适应力—适应策略"之间的关系，再次验证了生涯建构理论对解释创业意愿的有效性，同时也响应了学者关于"引入职业生涯视角来研究创业问题"这一号召（Burton et al.，2016），这是本章最重要的一个理论贡献。

第二，丰富了生涯适应力与创业意愿前因的研究。随着无边界职业生涯时代的到来，个体的职业发展面临前所未有的变化和挑战。在此时代背景下，为何有些农民倾向于自主创业，而另一些农民则更愿意选择被雇用或待业？根据生涯建构理论，个体能动性受到个人特征的影响，导致个体应对变化的意愿有差异。本章引入中国人典型的特征——面子意识，并探讨农民面子意识对生涯适应力与创业意愿的作用机制。研究发现，想要面子与怕丢面子作为两个不同维度的个体特征，对个体生涯适应力与创业意愿具有不同的影响。具体来说，想要面子意识对生涯适应力与创业意愿的影响均不显著，而怕丢面子意识对农民生涯适应力与创业意愿均产生显著的负向作用。与 Chou（1996）、Hallahan 等（1997）的观点一致，本章结果表明丢面子对农民的行为、态度影响更大。这一发现对生涯适应力前因变量的研究进行了有益补充，并且对深入理解不同面子意识的作用提供了重要的证据。

第三，验证了生涯适应力对个人创业意愿的重要作用。先前的研究已经表明，生涯适应力能够正向预测个体创业意愿（梁祺和王影，2016；Tolentino, et al.，2014）。基于这一研究基础，本章进一步检验了生涯适应力在面子意识与农民创业意愿之间的中介作用。研究发现，农民的怕丢面子意识通过降低其适应力进而阻碍创业意愿的形成。本章结果再次强调了生涯适应力在创业活动中的重要性，扩展了生涯建构理论在创业领域的运用。

第四，检验了影响创业意愿形成的新边界条件。尽管优柔寡断这一概念很早就被提出，并且研究发现其对个体职业决策影响很大。然而，在创业生涯决策研究领域，优柔寡断的影响及作用机制还未得到实证检验。本章发现优柔寡断在农民面子意识与生涯适应力之间发挥了调节作用。总的来看，优柔寡断程度越高的农民，想要面子对生涯适应力的正向效应越弱，而怕丢面子对生涯适应力的负向效应越强。该结论有助于理解优柔寡断这一性格在创业生涯中的作用。

2. 实践启示

第一，针对想要促进创业的地区，本章提供了政策方面的启示。从职业发展的角度来看，创业教育与培训是提高个体创业意愿、激发创业能动性的重要途径（林嵩等，2016）。本章的回归结果也表明，创业教育与农民创业意愿显著正相关。然而，据调查结果显示，被调查地区农民参与的创业相关培训还远远不够：在参与此次调查的 171 人中，绝大多数农民（81.9%）没有参加过任何形式的创业教育或培训。因此，为了提高农民个人的能动性，应鼓励农民创业，增加农民创业实践技能，提升其应对环境变化的适应力，这部分地区应建立并完善相关培训与帮扶体系。例如，建立与农民技能特长密切相关的创业孵化基地。

第二，针对想要提高农民创业意愿的培训者和教育者，本章提供了创业培训方面的启示。鉴于生涯适应力在农民创业生涯中的重要作用，农民职业培训与咨询应该将农民生涯适应力的发展作为重要培训内容。例如，训练自我剖析与环境探索（Akkermans et al.，2015），帮助个体更好地了解自己的能力以及未来职业机会，进一步提高生涯适应力。此外，不同性格特征的农民在个人能动性上具有差异。本章结果表明，面子意识和优柔寡断对农民创业意愿的形成起着重要作用。从这点来看，培训者应采用针对性的培训策略，以帮助不同性格的农民实现其创业和职业发展目标。例如，对怕丢面子和优柔寡断的农民，应更加积极地进行政策宣传，为他们的创业决策提供支持性信息，降低环境不确定性感知，帮助他们树立创业效能感，形成积极的创业态度，从而激发其创业意愿（Pérez-López et al.，2019）。

三、局限与展望

本章存在以下两点不足：

首先，本章的数据来源为四川省的部分地区。尽管这样调查取样能够较好地控制地区因素对研究的影响，但样本范围不够广，区域也缺乏多样化，这可能使研究结果的推广受到局限。正如 Savickas 和 Porfili（2012）所建议的，不同地区的文化为个体生涯适应力与职业发展提供了不同的要求和资源，因此，本章的结论还需要在其他地区与其他文化背景下进行检验。

其次，因为本章重点关注个体的创业兴趣，所以研究问题仅止步于对适应策略（创业意愿）的探讨。未来可以在本书的基础上进一步延伸，探讨农民的创业选择对其适应结果（Adaptation）如幸福感的影响。

第六节　本章小结

农民创业是解决"三农"问题的一种方式，近年来受到政府与学界的关注。而创业意愿是创业活动的前提，但农民创业意愿如何形成，这一问题还未得到充分解释。本章基于生涯建构理论，以四川地区 171 位农民为研究对象，实证检验了农民面子意识、优柔寡断、生涯适应力与创业意愿的关系。研究结果表明：农民怕丢面子意识对其创业意愿具有负向影响；想要面子意识对创业意愿的影响不显著；生涯适应力在怕丢面子与创业意愿的关系中起中介作用；农民优柔寡断的性格特征会负向调节面子意识与生涯适应力的关系。本章从职业生涯建构的视角解释了农民创业意愿的形成机制，为本土文化下的农民创业研究与农民职业咨询提供了理论参考。

第五章 研究二：环境因素与农民创业意愿
——基于社会认知职业理论

通过第二章对创业意愿相关研究的回顾可知，在创业意愿的形成过程中，环境因素发挥的作用不容忽视。因此，本章基于 SCCT 理论，探讨中国情境下两个重要的环境变量（制度环境与家庭创业支持）是如何影响农民创业意愿的。首先，根据 SCCT 理论最新的自我职业管理模型（CSM 模型），构建研究的理论框架；其次，通过问卷调查分析，对研究提出的中介效应进行验证；最后，讨论实证研究结果。本章主要内容及结构安排如图 5-1 所示。

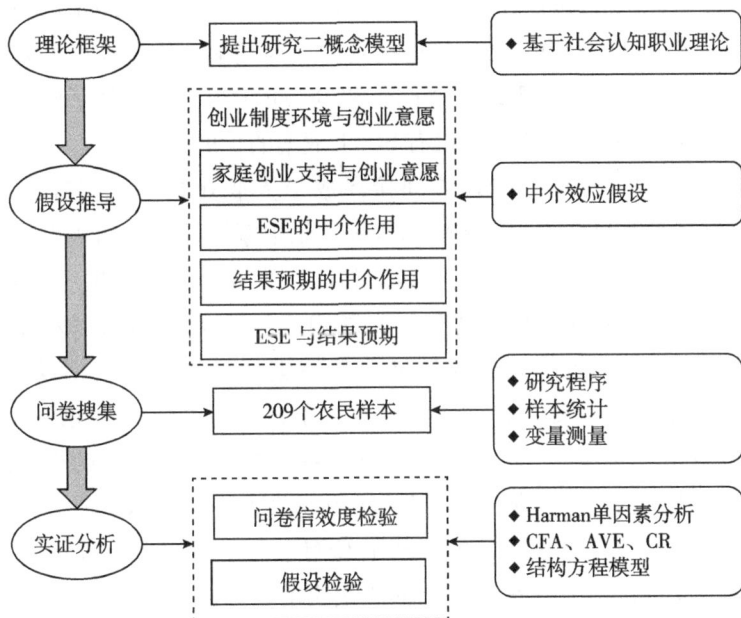

图 5-1 研究二的主要内容与结构安排

注：ESE 表示创业自我效能感。

第一节　研究二的理论框架

创业意愿被认为是理解个人创业活动的一个重要变量（Krueger et al.，2000）。鉴于创业意愿在个人创业过程中的重要性，大量的创业和心理学研究对其前因进行了探讨（Al-Jubari et al.，2019；Ramos-Rodríguez et al.，2019；Obschonka et al.，2018；Tolentino et al.，2014）。前文已经提到，计划行为理论（TPB）（Ajzen，1991）、创业事件理论（EEM）（Shapero，1984）和社会认知理论（SCT）（Bandura，1986）是目前解释创业意愿的最主要的理论视角。

尽管已有研究很大程度解释了个人创业意愿形成的方式和原因，但最近关于职业发展的研究表明，还有其他一些研究视角可以分析创业意愿的形成（Burton et al.，2016）。例如，一些近期的创业意愿研究开始应用 SCCT 理论来解释为什么有些人更倾向于选择创业生涯（Austin & Nauta，2015；Bloemen-Bekx et al.，2019；Liguori et al.，2018；Liguori et al.，2020；Pérez-López et al.，2019；Pfeifer et al.，2016；Santos & Liguori，2020）。SCCT 理论（Lent et al.，1994）是对 Bandura（1997）的自我效能理论的延伸，为理解个人职业生涯发展提供了一个全面的框架。基于 SCCT 理论，Lent 和 Brown（2013）设计了职业自我管理（CSM）的社会认知模型，作为对已有 SCCT 框架的扩展。

CSM 模型表明，环境是直接或间接促成个人职业目标和兴趣的关键因素（Lent & Brown，2013）。由于受到中国传统文化中家国情怀价值观的影响，对中国人来说，"国"与"家"是影响其认知和行为的重要环境因素。一方面，制度环境对新兴经济体的创业发展具有重要影响（Peng & Heath，1996；Manolova et al.，2008），也能通过影响个体的创业认知进而影响其创业活动（谷晨等，2019）；另一方面，从家庭层面的影响来看，家庭支持对个体创业意愿具有显著作用（Shen et al.，2017）。然而，现有研究对这两个重要变量的探讨还不够充分，特别是在中国情境下，制度环境与家庭因素如何影响农民创业意愿，这一问题还未得到系统研究。鉴于此，本章基于 CSM 模型，系统研究了创业制度环境以及家庭创业支持这两类因素与个体创业意愿的关系，并探讨了 CSM 模型中的两个关键中介变量（创业自我效能感与创业结果预期）的作用。本章理论框架如图 5-2 所示。

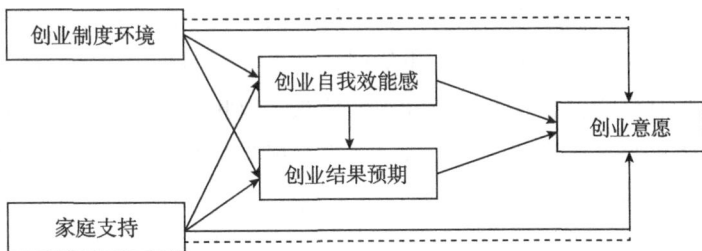

图 5-2 研究二的概念框架

第二节 研究假设

一、创业制度环境与农民创业意愿

根据 SCCT 理论，个体对未来职业的决策与判断往往是基于自身已有的经验、知识和认知，而这些经验知识有一部分来源于个体所处的环境，并由环境塑造了相关的思维知觉（Lent et al.，1994；Lent et al.，2008）。有学者指出，在中国这样的新兴经济体中，创业活动的速度和形式会受到制度环境的显著影响（Gupta et al.，2012；Manolova et al.，2008）。实际上，实证研究已经表明，整体的创业制度环境以及制度环境的不同维度均对个体创业意愿（林嵩等，2016）或创业决策（谷晨等，2019）有显著正向影响。具体来说，第一，创业规制环境指为降低创业风险、鼓励创业的法律法规及政府政策（Busenitz et al.，2000）。根据制度理论（Scott，2008）的观点，制度环境为经济活动的开展设定了约束性和保护性的规则，因此，遵守制度规范对经济主体获得合法性地位以及调动资源至关重要（Yang & Su，2014）。近年来，国家出台了一系列支持性的政策法规如专项财政扶持等，鼓励农民自主创业。这些法律法规降低了创业活动的风险，拓宽了创业资源的获取渠道（Busenitz et al.，2000）。当个体感知到有利的规制环境时，创业更有可能被认为是有保障、有吸引力的一项职业选择。第二，创业认知环境体现了当地人们对创业活动所共有的知识与技能。这种共同的认知结构很大程度上塑造了个体搜寻、过滤信息的模式，进而影响个体决策。发达的创业认知环境表明当地的人们对应对风险、管理风险以及获取商业信息都有足够的知识储备（Manolova et al.，2008）。当个体感知自身处于创业知识体系较为完善的环境中时，他更有可能具有获取创业知识的信念。因此，当感知到的创业认知环境有利时，个体更容易形成创业的想法。第三，规范制度环境指社会价值观与社会规范对社会行为的约束（Scott，2008）。有利的规范环境说明当地社会对创业失败的容忍度较高（王玲玲等，2017），对创业行为与创新思维抱有较高认可度（Manolova et al.，2008）。因此，在这种制度环境下的人们会增加对创业身份的认同，从而提高创业的意愿。综上所述，提出以下假设：

假设 5-1：有利的创业制度环境对农民创业意愿具有正向影响。

二、家庭创业支持与农民创业意愿

根据 SCCT 理论，职业决策和探索的过程由相关的经验促成（Lent & Brown，2013）。简丹丹等（2010）认为潜在创业者对社会支持的感知是形成创业意愿的因素之一。社会支持可以预测个体健康以及幸福感，并且和压力负相关（Glozah & Pevalin，2014）。越多的感知社会支持意味着个体会越多地投入职业生涯准备（Hirschi et al.，2011）。家庭作为个体一个重要的社会网络，在个体职业发展与职业决策中起着重要作用。特别是在中国这样注重家庭文化价值观的背景下，家庭因素显得尤为重要。家庭支持作为一种重要的环境资源，能够为个体提供信息的、情感的以及物质的支持，帮助个体提高职业能力（Tian & Fan，2014），进而影响个体职业认知与态度（楚啸原等，2019；Russo et al.，2016）。同已有研究的观点一致，本章认为家庭支持对个体创业意愿具有积极作用（Shen et al.，2017），具体来说，第一，从家庭获得的工具性支持能够帮助个体克服职业困难，增加职业信心。例如，家庭提供的物质支持作为创业的重要财务资源，能够帮助个体降低创业的初始资源约束，影响个体进入创业领域的意愿。第二，家庭的支持还包括情感性的支持，包括鼓励、关心与理解等。来自家庭的情感支持使个体更容易形成积极的职业情绪与态度（徐速，2011；Russo et al.，2016），并促使个体实施创业相关的行为如创新（马灿等，2020）。由此可以推断，当家人对创业生涯表现出支持的态度时，个体对创业的渴望与信心也可能因此提高（Shen et al.，2017）。由此，提出以下假设：

假设 5-2：家庭创业支持对农民创业意愿具有正向影响。

三、创业自我效能感的中介作用

SCCT 理论的职业生涯管理模型一个核心观点是，两个关键变量（自我效能感与结果预期）能够预测特定的意向。本研究与这一观点对应的假设为，个体创业自我效能感与积极的创业结果预期能够预测个体创业的意愿。效能感是一种重要的认知调节机制，能够形成个体对特定任务的动机（孙红霞等，2013；Fouad et al.，2008）。创业自我效能感高的个体更愿意在目标实现过程中付出更多努力以及投入时间和金钱（Vilanova & Vitanova，2019）。并且，创业效能感能够促使个体产生创业激情，并对创业目标有更高的承诺度（Cardon & Kirk，2015）。反之，缺乏效能感的个体往往对职业选择难以决断（Betz & Voyten，1997）。当面临创业这样高风险的职业选择时，这种缺乏自信的状态可能更加严重，这会导致个体对创业的回避。大量实证研究已经证明，自我效能感能够很好地解释职业兴趣以及职业行为的产生（Burnette et al.，2019；Pérez-López et al.，2019），而创业自我效能感是预测创业意愿的一个有效因素（徐菊和陈德棉，2019；Mwangi & Rotich，2019；Nowiński & Haddoud，2019；Pfeifer et al.，2016）。基于这些研究基础，提出以下假设：

假设 5-3：创业自我效能感对农民创业意愿具有正向影响。

根据 SCCT 理论，个体的自我效能感一部分来自个体从环境中获得的经验与知识（Lent & Brown，2013）。本章认为，有利的创业制度环境能够提高个体创业自我效能感，原因主要有以下几点：第一，规制制度环境反映了国家与政府在降低创业风险、提供创业支持以及保护创业企业方面的法律法规。有研究表明，支持性的环境有助于提升个体的自我效能感（Saeed et al.，2015）。例如，组织的创业支持环境能够为中层管理者提供有形与无形的创业资源，增加管理者内部创业过程中克服困难、达成目标的信心（吴建祖和李英博，2015）。第二，认知制度环境体现了当地人们共享的创业知识。在有利的认知环境下，个体通过非正式的知识转移，能够共享人们已有的创业经验与技能，提高自身创业能力，从而提升对创业任务的可控感（Zapkau et al.，2015）。第三，规范制度环境反映了一个国家对创业身份的认可度以及对失败的宽容度（王玲玲等，2017）。当个体感知社会规范有利于创业时，说明社会普遍欣赏创业者与创新行为。这种榜样学习与社会劝说是创业自我效能感的重要来源（Austin & Nauta，2015；Pfeifer et al.，2016）。

此外，本章还关注另一项中国家庭文化相关的支持性环境，即家庭创业支持。一项以中国青少年为样本的研究表明，家庭支持能够促进青少年一般自我效能感的提升（楚啸原等，2019）。在创业领域，研究也发现家庭会影响个体对创业可行性的感知（Shen et al.，2017）。如前文所述，家庭支持作为一种重要资源，能够为个体提供情感性和工具性的支撑。来自家庭的关心与鼓励能够帮助个体形成积极情绪，在工作中保持正能量（徐速，2011；Russo et al.，2016），这会使个体更加自信。对创业的支持表明家庭愿意帮助个体提供有形资源，解决创业问题。来自家人提供的资金、设备等支持能够帮助个体减少资源束缚，推进创业进程。因此，个体感知到家庭支持程度越高，对完成创业任务的信心也越强。此外，对农民来说，家庭成员可能是创业的重要人力资源，当家人愿意帮助个体创业时，个体对创业的信心也随之增强。综上所述，提出以下假设：

假设 5-4a：有利的创业制度环境对创业自我效能感具有正向影响。

假设 5-4b：家庭创业支持对创业自我效能感具有正向影响。

根据 SCCT 理论的职业管理模型，创业自我效能感可能在环境变量与意愿之间发挥中介作用。这一假设也得到实证研究的证实（吴建祖和李英博，2015；徐菊和陈德棉，2019）。根据这一研究线索，结合假设 5-3 与假设 5-4a、假设 5-4b，本章进一步提出创业自我效能感的中介效应。具体来说，一方面，制度环境能够通过知识溢出、榜样效应以及社会劝说等方式影响个体创业自我效能感，进而影响个体选择创业职业的倾向。另一方面，来自家庭的支持是个体创业的重要资源，能够帮助个体树立创业信心，增加创业可行性感知（Shen et al.，2017）。当个体对完成创业任务有足够的信心时，他们相信自己能够承担起家庭嵌入所带来的责任，并且可以完成好家人所期待的行为（Sieger & Minola，2017），进而也更有可能坚持创业目标。基于以上分析，提出以下假设：

假设 5-5a：创业自我效能感在创业制度环境与创业意愿间发挥中介作用。

假设 5-5b：创业自我效能感在家庭创业支持与创业意愿间发挥中介作用。

四、创业结果预期的中介作用

结果预期是 SCCT 理论的一个核心要素。根据 SCCT 理论（Lent et al.，1994；Lent et al.，2003；Lent & Brown，2013），对特定事件可能产生的积极结果预期能够诱发个体对该事件的动机与兴趣。因此推断，个体对实施创业行为产生的积极结果预期能够激发个体的创业意愿，这一假设在一项以克罗地亚商科学生为样本的研究中已经得到证实（Pfeifer et al.，2016）。基于这一研究基础，本书进一步在中国文化背景下以农民为研究对象检验该假设。支撑这一假设的原因主要有：第一，相对从事低技术的工种，创业可能带来可观的收入（Murnieks et al.，2020；Boyd & Gumpert，1983）。当人们预期能够从创业中获得这种有形报酬时，他们的创业倾向也因此提高（Carter et al.，2003）。第二，结果预期包括对自我评估的预期（Lim et al.，2016）。创业是一项任务复杂性较高的职业，承担创业者的角色，并胜任艰巨的创业任务，可以带给人们强烈的成就感（Boyd & Gumpert，1983）。当个体预期能够从创业中获得这种自我实现时，对成就的需要能够激发他们的创业意向（林嵩等，2016）。第三，创业的一个重要特点是能够带给创业者更多的自主性与独立性（Boyd & Gumpert，1983），从而使个体能够有更自由的时间承担工作之外的角色。对自主性、独立性以及工作—生活平衡的积极预期是个体创业的重要动机（Murnieks et al.，2020），能够正向影响个体的创业意愿。综上所述，提出以下假设：

假设5-6：创业结果预期对农民创业意愿具有正向影响。

SCCT指出，影响结果预期的因素与影响自我效能感的因素一致。根据这一理论，影响个体结果预期的因素包括相关领域的经验（如成功与失败经历）、口头劝说（如社会鼓励与打击）、学习（如观察榜样），以及心理与情感的反应（如积极与消极情绪）（Ireland & Lent，2018）。因此，可以推断，创业制度环境与家庭支持同样也能预测个体对创业结果的预期。具体来说，第一，支持性的规制环境为潜在创业者降低了创业风险，提供了正式的法律保护（Busenitz et al.，2000）。当人们感知创业活动能够在有利的制度环境下实施时，他们对创业结果的积极预期也会相应提升。第二，认知环境为潜在创业者提供了创业学习的机会，有助于降低个体对创业风险的感知，因此，对创业的结果也更容易持有积极的期望。第三，创业规范环境体现了当地人们对创业者和创新思维的认可度（Manolova et al.，2008）。个体对规范环境的感知越强，则越可能相信创业能够为自己带来社会性的积极结果，例如，创业过程中反映的一系列创业品质能够获得家庭和朋友的欣赏。因此，对创业制度环境感知越强，个体对实施创业行为产生的结果越可能持有积极的信念。

此外，来自家庭的支持能够帮助个体对特定领域形成积极的预期。事实上，社会支持对结果预期的正向影响已经在多个以SCCT理论为基础的研究中得到验证（Ireland & Lent，2018；Lent et al.，2016；Lim et al.，2016）。但二者之间的关系还未在创业领域得到检验。本章认为家庭支持对积极结果预期的作用在创业领域中也同样成立。具体来说，第一，来自家人的鼓励与关心能够使个体形成对创业的积极态度与情绪，此时个体更容易对创业的结果产生积极的期望。在这种家庭环境下进行创业活动，也更有可能满足个体对创业的社会性预期，即通过创业获得家人的认可。第二，当个体感知家庭愿意提供创业资金与物质支持时，个体对实现创业目标的信心也随之增加，此时个体更有可能对创业活动的物质回报持积极态度。基于此，提出以下假设：

假设 5-7a：有利的创业制度环境对创业结果预期具有正向影响。

假设 5-7b：家庭创业支持对创业结果预期具有正向影响。

根据 SCCT 理论，结果预期可能在环境变量与意向之间发挥中介作用。这一假设得到不同领域实证研究的证实。在创业领域，Pfeifer 等（2016）的研究发现，大学生感知的社会规范越高，则对创业的结果预期越高，对创业的结果预期又与创业意愿积极相关。借鉴已有研究结论，结合本章假设 5-6、假设 5-7a 与假设 5-7b，本章进一步提出创业结果预期在创业制度环境/家庭支持与创业意愿之间起中介作用。具体来说，一方面，制度环境能够为个体创造学习机会、提供榜样学习，并施加社会劝说影响，进而强化个体的创业结果预期（Ireland & Lent，2018），影响个体的创业意愿。另一方面，家庭支持通过提供工具性与情感性的支持，帮助个体克服创业困难，降低对创业的恐惧，增加对创业结果的积极预期，从而提升创业意愿。由此，提出假设：

假设 5-8a：创业结果预期在创业制度环境与创业意愿间发挥中介作用。

假设 5-8b：创业结果预期在家庭创业支持与创业意愿间发挥中介作用。

五、创业自我效能感与创业结果预期

根据 SCCT 理论，自我效能感会影响个体对实施某种行为而产生特定结果的信念，也就是说，自我效能感会影响个体的结果预期。这两个变量之间的关系在很多验证 SCCT 模型的研究中已经被提出。例如，研究证明创业职业探索自我效能感对创业职业探索结果预期有积极影响（Pérez-López et al.，2019），求职自我效能感对求职结果预期有积极影响（Lim et al.，2016），多角色平衡自我效能感对多角色平衡结果预期有积极影响（Roche et al.，2016）。但目前，这两个变量之间的关系还极少在创业领域得到检验。根据其他领域的研究结论，本章推断，个体创业自我效能感能够正向预测个体对创业结果的积极预期。具体来说，创业自我效能感反映了个人对能否胜任创业任务和创业角色的自信程度（Boyd & Vozikis，1994）。当个体相信自己有能力应对创业要求（如风险与挑战、创新任务等）（DeNoble et al.，1999），他们对创业的不确定性感知更弱，更有可能将周围的环境视为充满机会而非充满风险的。相比那些低自我效能的个体，自我效能感强的个体相信自己的能力能够影响目标实现过程，增加成功的概率（Chen et al.，1998）。因此，创业自我效能感高的个体更有可能对创业结果怀有积极的预期。基于此，提出以下假设：

假设5-9：创业自我效能感对创业结果预期具有正向影响。

综上所述，本章提出的假设具体如表5-1所示。

表5-1 本章假设汇总

假设	假设内容
假设5-1	有利的创业制度环境对农民创业意愿具有正向影响
假设5-2	家庭创业支持对农民创业意愿具有正向影响
假设5-3	创业自我效能感对农民创业意愿具有正向影响
假设5-4a	有利的创业制度环境对创业自我效能感具有正向影响
假设5-4b	家庭创业支持对创业自我效能感具有正向影响
假设5-5a	创业自我效能感在创业制度环境与创业意愿间发挥中介作用
假设5-5b	创业自我效能感在家庭创业支持与创业意愿间发挥中介作用
假设5-6	创业结果预期对农民创业意愿具有正向影响
假设5-7a	有利的创业制度环境对创业结果预期具有正向影响
假设5-7b	家庭创业支持对创业结果预期具有正向影响
假设5-8a	创业结果预期在创业制度环境与创业意愿间发挥中介作用
假设5-8b	创业结果预期在家庭创业支持与创业意愿间发挥中介作用
假设5-9	创业自我效能感对创业结果预期具有正向影响

第三节 研究方法

一、问卷设计与样本统计

调研采用实地发放纸质问卷与线上填写在线问卷两种方式进行。首先，和研究一一样，本章的研究先在农民居住社区进行入户一对一问卷调研，并由线下参与调查的被访者推荐其他参与者。对不便于采取线下调研的农民则采取线上发放问卷的形式。在线下发放问卷时，研究人员向受访者强调参与调研的自愿性和匿名性。线上问卷则包含了有关研究目的、自愿性与匿名性的信息，以便受访者知悉研究相关伦理道德准则。参与实地调研的对象，每一位受访者可以获得一份小礼品；参与线上填写问卷的调研对象，每一份问卷经审核后可以通过问卷调研平台向参与者发放微小数额的现金红包。

最终共回收 216 份问卷，同研究一的筛选标准一样，本章删除重要信息缺失或大量题目选项雷同的问卷 7 份，最终获得有效问卷 209 份，有效回收率为 96.8%（纸质问卷和电子问卷分别占 54.5% 和 45.5%）。T 检验结果显示，线上与线下调查样本的人口学特征（年龄、性别、婚姻状况、教育程度）无显著差异（all $p>0.05$）。鉴于样本量相对较小，本章使用 G * power 程序进行了功效分析。在总样本量为 209 份的情况下，实际统计功效为 99.9%，效应量为 0.30。可见，目前的研究样本量足以进行进一步的回归分析。对纳入最终分析的问卷，缺失值通过整体样本的平均值替代。

在最终纳入分析的 209 名受访者中，52.6% 为女性，47.4% 为男性；年龄在 26~30 岁的受访者比例为 32.5%，在年龄分组中占多数；35.9% 的受访者文化程度在初中及以下；多数受访者已婚，占比 78.9%；有过创业经验的参与者占比 33.0%；接受过创业教育的参与者占比 17.2%。具体的样本特征分布如表 5-2 所示。

表5-2 研究二样本统计分布情况

基本特征		比例（%）	基本特征		比例（%）
性别	男	47.4	受教育程度	初中及以下	35.9
	女	52.6		高中/中专	28.7
年龄	18~25岁	16.7		大专	15.8
	26~30岁	32.5		本科及以上	19.6
	31~35岁	17.2	是否受过创业教育	是	17.2
	36~40岁	10.0		否	82.8
	41~45岁	9.6	创业经验	有	33.0
	46岁及以上	14.0		无	67.0
婚姻状况	已婚	78.9	家庭创业背景	有	52.2
	未婚	21.1		无	47.8

注：N=209。

二、变量测量

本章使用的原始量表均为英文版本，在构建本研究问卷的过程中，英文量表均采用常规的双向互译程序进行翻译（Brislin et al.，1973），翻译的具体流程同研究一。对一些需要根据本研究目的与实际情况进行细微修改的量表，经过和创业管理领域的专家教授进行反复讨论，并借鉴已有研究成果，最终形成相应的测量工具，除非特别说明，核心变量的测量均采用李克特五点量表进行评分，1表示"非常不同意"，5表示"非常同意"。量表的具体信息如下。

1. 自变量

创业制度环境。本章使用 Busenitz 等（2000）编制的量表来测量农民感知的创业制度环境。该量表共13个条目，包括三个维度，即规制维度（Regulatory Dimension）、认知维度（Cognitive Dimension）以及规范维度（Normative Dimension）。该量表的可靠性在新兴经济体的背景下已经得到验证（Gupta et al.，2012；Manolova et al.，2008），并且被中国本土研究广泛引用，用于测量个体在创业制度环境感知方面的差异（谷晨等，2019；李峰和龙海军，2019；林嵩等，2016）。该量表的具体条目如表5-3所示。

表5-3　创业制度环境测量条目

编号	条目
IER1	这个国家的政府组织会帮助个人创业
IER2	政府为新企业和小企业预留了政府合同
IER3	地方和国家政府对想创业的个人有专门的支持
IER4	政府对那些帮助新企业发展的组织有资助
IER5	即使在早期的生意失败后，政府也会帮助企业家重新开始创业
IEC1	人们知道如何在法律上保护新企业
IEC2	那些创办新企业的人知道如何应对巨大的风险
IEC3	那些创办新企业的人知道如何管理风险
IEC4	大部分人知道在哪里可以找到他们产品的市场信息
IEN1	在这个国家，把新想法商业化是一条令人赞赏的职业道路
IEN2	在这个国家，创新和创造性思维被视为通往成功的一种途径
IEN3	企业家在这个国家很受尊敬
IEN4	这个国家的人往往非常钦佩那些自己创业的人

注：IER表示制度环境的规制维度；IEC表示制度环境的认知维度；IEN表示制度环境的规范维度。

　　家庭创业支持。在测量家庭对个体创业方面的支持时，研究借鉴Zimet等（1988）开发的多维社会支持感知量表（MSPSS）中的家庭支持分维度。如前文所述，家庭对个体的支持与特定的情境密切相关，因此，本章对原有量表的语句作了一些细微调整，使其更符合创业情境。原有量表的家庭支持维度在以中国学生为样本的研究中已经表明具有很好的可靠性（Tian & Fan，2014）。家庭创业支持维度共包含4个题项，分别测量个体感知的其他家庭成员在情感、决策等方面提供的支持。具体如表5-4所示。

表5-4　家庭创业支持测量条目

编号	条目
FES1	我的家人会尽力帮助我创业
FES2	在创业这件事上，我能从家人那里得到情感上的帮助和支持
FES3	我的家人愿意帮助我做出有关创业的决定
FES4	我可以和家人讨论我在创业时遇到的困难

注：FES表示家庭创业支持。

2. 中介变量

创业自我效能感。本研究采用 Wilson 等（2007）开发的创业自我效能感量表。量表共 6 个条目（见表 5-5），要求受访者针对列出的每一项创业能力与周围人比较，并在李克特五点量表上打分，1 表示"比周围人差多了"，5 表示"比周围人强多了"。该量表的原始版本经过 MBA 学生样本的检验，并且在以中国农民为样本的研究中表现出很好的信效度（Lin & Si，2014）。

表 5-5 创业自我效能感测量条目

编号	条目
ESE1	解决问题
ESE2	管理资金
ESE3	有创造力
ESE4	使大家赞同我的观点
ESE5	做一名领导者
ESE6	制定决策

注：ESE 表示创业自我效能感。

创业结果预期。针对结果预期的测量目前没有较为普适的测量工具，单维量表是测量不同领域结果预期的常用方法。本章借鉴 Bandura（1986）与 Lim 等（2016）的研究，测量个体对创业结果的积极预期，并分别从社会性、物质、自我评估以及目标达成四个方面来反映农民对实施创业行为的结果预期，每个方面采用一个条目来衡量（见表 5-6）。

表 5-6 创业结果预期测量条目

编号	条目
EOE1	如果我能够实现我的创业目标，我的朋友和父母会很欣赏我（社会性）
EOE2	如果我能够实现我的创业目标，我会获得我想要的物质财富（物质）
EOE3	如果我能够实现我的创业目标，我会更加欣赏自己（自我评估）
EOE4	如果我能够坚持我的创业目标，我最终会实现创业成功（目标达成）

注：EOE 表示创业结果预期。

3. 因变量

创业意愿。同研究一一样，本章采用 Liñán 和 Chen（2009）开发的量表来测量个体创业意愿。具体条目及量表介绍参见研究一。

4. 控制变量

结合研究一的统计结果，在研究二中主要控制了相关性较高的一些变量。具体来说，第一，本章控制了农民性别、年龄、婚姻状况、受教育程度等人口学因素；第二，控制了与创业活动相关的变量。包括家庭创业背景，是否受过创业教育，个人创业经历等。控制变量的衡量标准同研究——致。

第四节　实证分析

一、共同方法偏差检验

由于研究数据为横断面数据，且多数题目为自我报告，因此根据 Podsakoff 等（2003）的建议，采用 Harman 单因素检验的方法对本章的五因子模型（创业制度环境、家庭创业支持、创业自我效能感、创业结果预期与创业意愿）进行检验。将所有变量同时纳入分析，未经旋转的因子分析结果显示，第一个主成分解释变异量（26.118%）未达到总体变异解释量（66.767%）的一半，说明共同方法偏差对本研究不构成严重影响。

二、描述性统计分析

采用 SPSS 25.0 软件对各个变量均值、标准差与相关性进行统计。根据表 5-7，家庭创业支持与创业意愿正相关（$r=0.335$、$p<0.01$）；创业制度环境（$r=0.325$、$p<0.01$）、家庭创业支持（$r=0.354$、$p<0.01$）均与创业自我效能感显著正相关；创业制度环境（$r=0.370$、$p<0.01$）、家庭创业支持（$r=0.260$、$p<0.01$）均与创业结果预期显著正相关；创业自我效能感（$r=0.404$、$p<0.01$）、创业结果预期（$r=0.303$、$p<0.01$）均与创业意愿正相关；创业自我效能感（$r=0.405$、$p<0.01$）与创业结果预期显著正相关。控制变量中，受教育程度（$r=0.217$、$p<0.01$）、创业教育（$r=0.156$、$p<0.05$）、先前创业经验（$r=0.199$、$p<0.01$）均与创业自我效能感显著正相关；创业教育（$r=0.218$、$p<0.01$）、家庭

表 5-7　变量描述性统计分析

变量	M	SD	1	2	3	4	5	6	7	8	9	10	11
1. 性别	0.470	0.501											
2. 年龄	3.050	1.655	0.048										
3. 婚姻状况	0.790	0.408	0.022	0.431**									
4. 受教育程度	2.190	1.127	-0.204**	-0.459**	-0.319**								
5. 创业教育	0.170	0.379	-0.001	0.033	-0.043	0.013							
6. 创业经验	0.530	0.966	0.097	0.267**	0.203**	-0.102	0.084						
7. 家庭创业背景	0.520	0.500	-0.123	0.092	-0.025	-0.011	0.072	0.140*					
8. 创业制度环境	3.466	0.469	-0.058	0.087	-0.034	0.066	0.063	0.044	0.095				
9. 家庭创业支持	3.646	0.748	-0.049	0.035	0.041	-0.041	0.110	0.062	0.175*	0.385**			
10. 创业自我效能感	3.199	0.655	-0.019	-0.041	-0.087	0.217**	0.156*	0.199**	0.060	0.325**	0.354**		
11. 创业结果预期	3.827	0.614	-0.142*	-0.034	0.050	0.086	0.170*	-0.003	0.063	0.370**	0.260**	0.405**	
12. 创业意愿	3.060	0.766	-0.073	-0.054	-0.020	0.032	0.218**	0.070	0.152*	0.134	0.335**	0.404**	0.303**

注：N=209，* 表示 $p<0.05$，** 表示 $p<0.01$，*** 表示 $p<0.001$。

创业背景（$r=0.152$、$p<0.05$）均与创业意愿显著正相关；家庭创业背景（$r=0.175$、$p<0.05$）与家庭创业支持显著正相关。这些结果为部分研究假设提供了初步支持。

三、信度效度分析

表5-8报告了各量表的因子载荷区间、平均方差抽取率（AVE）、组合信度（CR）以及可靠性指标 Cronbach's Alpha 的分析结果。由结果可知，各个变量的 Cronbach's Alpha 系数均在临界值0.7以上，说明变量信度良好。组合信度（CR）均高于0.6，除创业制度环境的 AVE 略低以外，其余变量的 AVE 均高于0.5，变量的最低因子载荷均在0.5以上，以上结果说明各量表的聚合效度良好。

表5-8　变量的因子载荷区间、AVE、CR 以及 Cronbach's Alpha

变量	因子载荷区间	AVE	CR	Cronbach's Alpha
创业制度环境	0.551~0.748	0.432	0.907	0.887
家庭创业支持	0.838~0.887	0.749	0.923	0.888
创业自我效能感	0.531~0.802	0.523	0.866	0.812
创业结果预期	0.760~0.844	0.668	0.889	0.829
创业意愿	0.760~0.889	0.672	0.924	0.900
参考值	≥0.5	≥0.5	≥0.6	≥0.7

本章通过 AMOS21.0 对变量进行验证性因子分析。研究涉及五个变量（创业制度环境、家庭创业支持、创业自我效能感、创业结果预期、创业意愿）。将研究提出的五因子模型与备选模型进行对比。根据 Browne 和 Cudeck（1993）的建议，由表5-9的结果可知，五因子模型拟合指标（x^2（80）$=2.516$、CFI$=0.925$、TLI$=0.901$、IFI$=0.926$、RMSEA$=0.085$，$p<0.001$）基本在可接受的水平，且明显优于备选模型。其中，四因子模型合并创业制度环境与家庭创业支持为一个因子（Δx^2（4）$=151.424$）；三因子模型合并创业制度环境与家庭创业支持为一个因子，合并创业自我效能感与创业结果预期为一个因子（Δx^2（7）$=270.916$）；二因子模型合并创业制度环境与家庭创业支持为一个因子，合并创业自我效能感、创业结果预期与创业意愿为一个因子（Δx^2（9）$=510.185$）；单因子模型合并所有变量为一个因子（Δx^2（10）$=766.124$）。根据以上结果可知，

本章涉及的变量之间具有较好的区分效度。

表 5-9 验证性因子分析

Model	χ^2	df	χ^2/df	CFI	TLI	IFI	RMSEA
五因子模型	201.306	80	2.516	0.925	0.901	0.926	0.085
四因子模型	352.730	84	4.199	0.834	0.792	0.836	0.124
三因子模型	472.222	87	5.428	0.762	0.712	0.764	0.146
二因子模型	711.491	89	7.994	0.615	0.546	0.619	0.183
单因子模型	967.430	90	10.749	0.457	0.367	0.462	0.216

注：N=209。四因子模型：合并创业制度环境与家庭创业支持。三因子模型：合并创业制度环境与家庭创业支持为一个因子，合并创业自我效能感与创业结果预期为一个因子。二因子模型：合并创业制度环境与家庭创业支持为一个因子，合并创业自我效能感、创业结果预期与创业意愿为一个因子。

四、假设检验

假设 5-1 和假设 5-2 提出两种环境投入（有利的创业制度环境和家庭创业支持）与创业意愿呈正相关关系。为了检验假设，首先检验了两种环境变量与创业意愿的直接关系。研究结果显示，家庭创业支持对创业意愿有显著正向作用（B=0.299、$p<0.001$），假设 5-2 得到验证。但是，创业制度环境与创业意愿之间的直接关系并不显著（B=0.117、$p=n.s.$）。因此，假设 5-1 未得到支持。

为了进一步检验 SCCT 理论的核心变量在创业意愿形成中的作用，并验证 SCCT 理论提出的职业生涯管理模型，本章采用结构方程模型（Structural Equation Modeling，SEM）对潜变量及相互关系进行分析。由于研究可能涉及并行多重中介效应，因此，将完全中介模型作为基准模型。由表 5-10 的模型拟合结果可知，本章提出的基准模型（完全中介模型）拟合指数基本满足要求（χ^2（30）= 3.027、CFI = 0.928、TLI = 0.892、IFI = 0.929、RMSEA = 0.099）。接着，将基准模型与另外两个竞争模型相比较（基准模型与竞争模型的拟合结果如表 5-10 所示）。其中，竞争模型 1 与基准模型 1 相比，在基准模型的基础上添加创业制度环境到创业意愿的路径。SEM 分析结果显示，竞争模型 1 相比基准模型拟合度变差（χ^2（29）= 3.128、CFI = 0.927、TLI = 0.887、IFI = 0.928、RMSEA = 0.101）；竞争模型 2 在基准模型基础上添加家庭创业支持到创业意愿的路径，分析结果显示，该模型与假设模型的差异不明显，且拟合度更好（χ^2（29）＝ 2.682、CFI＝0.943、TLI＝0.911、IFI＝0.942、RMSEA＝0.090）；竞争模型3为部分中介模型，在基准模型基础上同时添加创业制度环境与家庭创业支持到创业意愿的路径，分析结果显示，该模型与基准模型相比，拟合度差异不明显（χ^2（28）＝2.769、CFI＝0.941、TLI＝0.906、IFI＝0.943、RMSEA＝0.092）。综上所述，竞争模型2的各项指标均较之其他三个模型更好，因此，使用该模型对路径进行分析，该模型的路径系数分析结果展示在图5-3中。

表5-10　模型比较结果

模型	χ^2	df	χ^2/df	CFI	TLI	IFI	RMSEA
模型1（完全中介）	90.822	30	3.027	0.928	0.892	0.929	0.099
竞争模型1	90.708	29	3.128	0.927	0.887	0.928	0.101
竞争模型2	77.767	29	2.682	0.943	0.911	0.942	0.090
竞争模型3	77.528	28	2.769	0.941	0.906	0.943	0.092

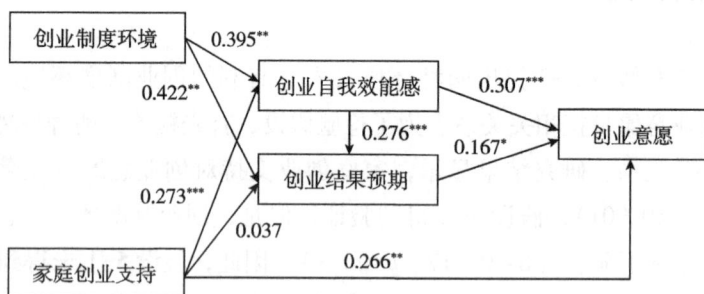

图5-3　竞争模型2的路径系数

注：＊表示$p<0.05$，＊＊表示$p<0.01$，＊＊＊表示$p<0.001$。

假设5-3和假设5-6分别提出创业自我效能感与结果预期对创业意愿的作用。由图5-3的结果可知，创业自我效能感（B＝0.307，$p<0.001$）与创业结果预期（B＝0.167，$p<0.05$）对创业意愿均有正向影响，假设5-3与假设5-6得到支持。

假设5-4a和假设5-7a分别提出创业制度环境对创业自我效能感与结果预期的作用。由图5-3的结果可知，有利的创业制度环境显著正向影响创业自我效能感（B＝0.395、$p<0.01$）与创业结果预期（B＝0.422、$p<0.01$），假设5-4a与假设5-7a分别得到支持。

假设 5-4b 和假设 5-7b 分别提出家庭创业支持对创业自我效能感和结果预期的作用。由图 5-3 可知，家庭创业支持对创业自我效能感有显著正向作用（B = 0.273、$p < 0.001$），假设 5-4b 得到支持。但家庭创业支持对创业结果预期的路径系数不显著（B = 0.037、$p = n.s.$），假设 5-7b 未得到支持。

进一步，根据上述结果（假设 5-3 与假设 5-4a），推断出创业自我效能感在创业制度环境与创业意愿之间发挥中介作用，假设 5-5a 得到支持。类似地，根据假设 5-6 与假设 5-7a 的结果，推断出结果预期在创业制度环境与创业意愿之间发挥中介作用，假设 5-8a 得到支持。当模型中不考虑创业自我效能感和创业结果预期时，家庭创业支持显著影响创业意愿（B = 0.299、$p < 0.001$），但在整合模型中，家庭创业支持对创业意愿的作用减弱（B = 0.266、$p < 0.01$），说明创业自我效能感在家庭创业支持与创业意愿之间存在中介效应，假设 5-5b 得到验证。此外，由于家庭创业支持对创业结果预期的作用不显著，因此创业结果预期在家庭创业支持与创业意愿之间不存在中介作用，假设 5-8b 未得到验证。路径系数结果还表明创业自我效能感正向影响创业结果预期（B = 0.276、$p < 0.001$），假设 5-9 得到支持。

第五节　结论与讨论

一、研究结果

本章基于 SCCT 理论的 CSM 模型，分析探讨农民感知的创业制度环境与家庭创业支持两种环境因素对农民创业意愿的作用。实证结果验证了 Lent 和 Brown（2013）提出的 CSM 模型对预测创业兴趣的有效性。研究假设的最终检验结果汇总见表 5-11 所示。

表 5-11　研究二假设检验结果汇总

假设	假设内容	是否支持
假设 5-1	有利的创业制度环境对农民创业意愿具有正向影响	不支持

假设	假设内容	是否支持
假设 5-2	家庭创业支持对农民创业意愿具有正向影响	支持
假设 5-3	创业自我效能感对农民创业意愿具有正向影响	支持
假设 5-4a	有利的创业制度环境对创业自我效能感具有正向影响	支持
假设 5-4b	家庭创业支持对创业自我效能感具有正向影响	支持
假设 5-5a	创业自我效能感在创业制度环境与创业意愿间发挥中介作用	支持
假设 5-5b	创业自我效能感在家庭创业支持与创业意愿间发挥中介作用	支持
假设 5-6	创业结果预期对农民创业意愿具有正向影响	支持
假设 5-7a	有利的创业制度环境对创业结果预期具有正向影响	支持
假设 5-7b	家庭创业支持对创业结果预期具有正向影响	不支持
假设 5-8a	创业结果预期在创业制度环境与创业意愿之间起中介作用	支持
假设 5-8b	创业结果预期在家庭创业支持与创业意愿之间起中介作用	不支持
假设 5-9	创业自我效能感对创业结果预期具有正向影响	支持

二、研究启示

创业意愿研究领域的学者指出,应深入探索创业意愿新的研究视角和整合框架,以便加深对创业意愿形成的理解(Al-Jubari et al.,2019;Pfeifer et al.,2016)。本章旨在验证近期提出的 CSM 模型在中国文化背景下的理论有效性。到目前为止,CSM 模型在创业领域的有效性还没有得到充分验证,而基于中国情境的相关实证研究更少。通过结构方程模型,本章验证了创业制度环境和家庭创业支持对个体创业意愿的重要作用,而环境因素与创业意愿的关系受到创业自我效能感的中介作用。具体来说,本章研究具有以下理论和实践启示:

1. 理论启示

第一,本章进一步验证了 SCCT 理论的 CSM 模型在创业领域的应用,证实了 CSM 模型对解释创业意愿形成过程的有效性。实证结果表明,CSM 模型的两个核心认知变量(自我效能感和结果预期)可以预测农民的创业意愿。环境投入(制度环境和家庭支持)对创业者自我效能感有显著影响,并进而影响个体创业意愿。这些发现验证了 CSM 模型提出的假设(Lent & Brown,2013),且与先前有关 CSM 模型的实证研究结果一致(Pérez-López et al.,2019;Pfeifer et al.,2016;Lent et al.,2017;Liguori et al.,2018;Roche et al.,2016)。此外,本章证实，拥有更高创业自我效能感的个体更容易对创业活动产生积极的结果预期。这个研究发现具有重要的理论意义，因为先前的计划行为理论忽视了中介变量之间的相互影响，本章结论验证了 CSM 模型更加系统的理论框架，是对计划行为理论的有益补充，并为今后研究创业过程的中介机制指出了新的研究方向（Zapkau et al.，2015）。综上所述，研究结果为 CSM 模型在中国农民创业意愿研究中的作用提供了有力的支持。

第二，本章探讨了促进农民创业意愿的两个典型环境变量（制度环境与家庭支持），扩展了创业意愿的相关研究。长期以来，学者们一直强调制度环境对塑造和促进创业活动的重要性（Ahlstrom & Bruton，2002；Gupta et al.，2012）。然而，迄今为止，在中国文化和社会经济背景下，仅有少数研究考察了创业制度环境对个人创业意愿的作用。本章结果表明，个体感知的制度环境有助于促进农民创业自我效能感和积极的创业结果预期，并最终影响农民创业意愿。研究结果还表明，在"家"文化十分重要的中国，家庭创业支持对农民创业自我效能感和创业意愿的形成具有积极作用。综上所述，本章同时考察了国家和家庭层面的创业支持环境，扩展了有关创业意愿影响因素的研究。

第三，本章基于 CSM 模型，深入探讨了环境因素影响个人创业意愿的潜在机制。尽管已有研究在创业领域对 CSM 模型进行了检验，但对该模型提出的中介效应还缺乏足够的实证证据。与近期提出的 CSM 理论框架一致（Lent & Brown，2013；Liguori et al.，2018），本章发现 CSM 模型中的一个核心认知变量——创业自我效能感，是环境因素和创业意愿之间的一个重要传导变量。但本研究没有验证另一个核心认知变量（创业结果预期）的中介作用。这些结论与 SCCT 理论相关的一些研究结果相似（即结果预期在个体职业目标建立过程中发挥的作用要比自我效能感更弱）（Lent et al.，2008；Pérez-López et al.，2019；Roche et al.，2016）。因此，本章呼吁未来研究进一步对自我效能感与结果预期之间的关系进行探讨。

2. 实践启示

第一，本章为促进创业企业成长、激发地区创业活力提供了政策启示。研究结果强调了创业制度环境在新兴经济体中对创业活动的影响。当个体感知到支持性的创业制度环境时，他们更有可能形成高水平的创业自我效能感和积极的结果预期，并且更愿意成为个体经营者。因此，为了鼓励更多私营企业的建立，政府应努力为（潜在）创业者创造有利的制度环境（Manolova et al.，2008）。例如，在正式的制度环境方面，政府可以制定相应的政策和法律，确保公平竞争的商业环境，降低创业的风险和成本。在非正式的制度环境方面（如认知制度环境），政府可以发挥其指导作用，促进企业知识共享。比如，地方政府，特别是欠发达地区的地方政府，可以加大对创业培训的财政投入，在社区举办创业沙龙，通过引导学习来强化创业认知环境。

第二，本章为农民创业生涯发展、培养积极创业认知提供了培训启示。本研究探索了创业意愿的近端预测因子，发现创业自我效能感和积极的结果预期能够促进农民创业意愿。因此，提高农民创业积极性、鼓励农民自主创业的一个直接途径就是提升农民自我效能感和积极的创业结果预期。可以通过创业教育（Pfeifer et al.，2016；Wilson et al.，2007）和榜样学习（Austin & Nauta，2015；Nowinski & Haddoud，2019；Zapkau et al.，2015）的方式培养这两种核心的社会认知，进而促进个体创业活动。

三、局限与展望

与其他研究一样，本章也有一些局限性。

首先，数据方面的不足。本研究使用的是横断面数据，且来自参与者的自我评估，这有可能增加共同方法偏差的风险（Podsakoff et al.，2003）。但本章在调研之前采取措施规避了共同方法偏差，数据回收后又通过科学的统计方法进行检验，证明这种偏差并未对研究造成严重干扰。未来研究可以采用其他方法进一步规避共同方法偏差。例如，从不同的渠道获取多源数据，采用纵向研究的方法等。

其次，创业结果预期测量方面的局限性。与一些关于结果预期的研究类似（Lent et al.，2008；Pérez-López et al.，2019；Santos & Liguori，2020），本章仅测量了个体对创业可能产生的积极结果的预期。然而，某些研究采用的结果预期量表同时反映了与特定活动相关的积极和消极结果（Roche et al.，2016；Tatum et al.，2017；Liguori et al.，2020）。例如，Tatum 等（2017）同时测量了 LGBT 群体对公开性别身份的积极结果预期（"如果我在工作中公开我的性别身份，我会感到更轻松"）和消极结果预期（"如果我在工作中公开我的性别身份，我会被一起工作的同事骚扰"）。而创业也可能同时伴有积极和消极结果，例如，创业可能会产生一些负面的结果，比如压力（Krueger et al.，2000）。因此，未来在探讨创业结果预期时，应衡量积极和消极的结果期望，并比较这两种结果预期对创业意愿的影响，将是未来研究可以拓展的一个方向。

第六节 本章小结

本章基于 SCCT 理论，运用职业自我管理的社会认知模型（CSM 模型），以四川省 209 位农民为研究对象，探讨了创业制度环境、家庭创业支持、创业自我效能感、创业结果预期与农民创业意愿的关系。通过结构方程模型，结果基本验证了 CSM 模型中有关自我效能感、结果预期和创业意愿之间的假设关系，证实了 CSM 模型对解释农民创业意愿形成过程的有效性。与 CSM 模型一致，研究发现两个核心社会认知变量（即自我效能感和结果预期）都与农民创业意愿呈正相关。创业自我效能感是环境投入（即创业制度环境和家庭创业支持）影响创业意愿的传导机制。研究还表明，创业自我效能感对创业结果预期具有积极的作用。这些发现支持了 CSM 模型在创业领域的应用，为未来的创业生涯研究和实践提供了依据。

第六章 研究三：个体—环境交互与农民创业意愿

——基于个体—环境匹配理论

第四和第五章基于生涯建构理论与 SCCT 理论，探讨了个体因素与环境因素对创业意愿的中介与调节作用，本章基于个体—环境匹配理论，进一步探讨城市化背景下，个人与环境因素如何相互作用于农民创业意愿。首先，根据个体—环境匹配理论，构建研究三的理论框架，并推导出相应假设；其次，通过问卷调查分析，验证本研究提出的交互作用；最后，根据实证结果总结研究启示与局限。本章主要内容与结构安排如图 6-1 所示。

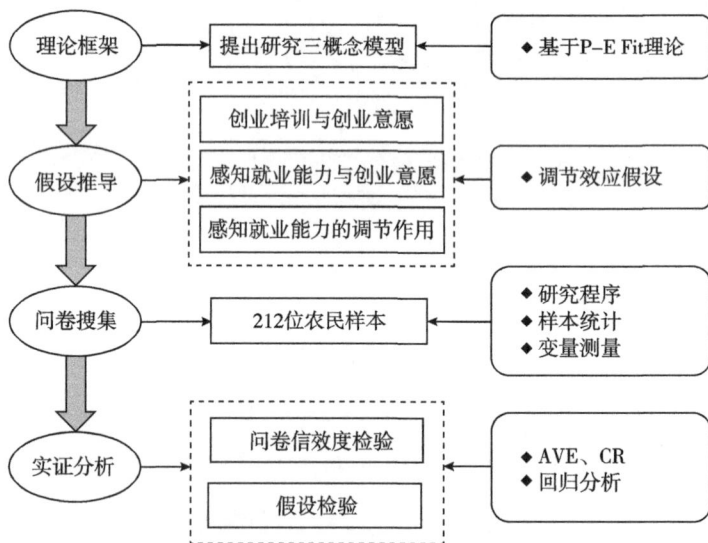

图6-1 研究三主要内容与结构安排

注：P-E Fit 表示个体—环境匹配。

第一节　研究三的理论框架

创业教育在激发个体创业意愿方面一直以来备受实践界和学术界的关注。但目前，创业教育对创业意愿的作用尚不明晰。一些研究表明创业教育能够激发个体创业意向（Farashah，2013；徐菊和陈德棉，2019），但有研究发现创业教育与创业意愿的关系并不明显，甚至有负相关关系（Chen et al.，2013）。导致研究结果存在分歧的原因之一在于创业教育和培训发挥作用的边界条件尚不清楚。基于这一研究缺口，本章旨在借鉴个体—环境匹配的相关文献（Edwards et al.，2006；Kristof-Brown et al.，2005），分析农民接受的创业培训如何受到感知自身可就业能力的影响而激发农民创业意愿。本章拟解决以下几个问题：感知就业能力对农民创业意愿存在怎样的影响？接受了创业培训的农民，如果感到自身能力水平较高，还会倾向于创业吗？针对上述问题，本章以个体—环境匹配理论为基础，研究创业培训以及个体感知就业能力与创业意愿的关系。综上所述，本章提出的理论模型如图 6-2 所示。

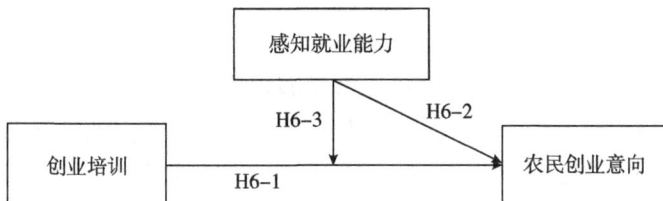

图 6-2　研究三的概念模型

第二节　研究假设

一、创业培训与农民创业意愿

根据个体—环境匹配理论（Kristof，1996），个体通过与环境的相似性或互补性匹配获得稳定的匹配结果。本章认为，创业培训有助于农民提升创新创业相关的技能，从而帮助他们在无边界职业生涯时代和新型城镇化背景下获得与其他非农职业的匹配。具体来说，第一，政府主导的创业培训往往具有公益性，通过培训人员对农民进行系统的课程讲授、实践操作示范及学员之间的交流，有助于拓宽参与培训农民的视野，提高其对创业的认知，培育和强化其综合创业素养及技能（苏岚岚和孔荣，2019）。这种环境支持与个体成就需要的匹配，能够使个体更愿意通过自主创业实现职业目标。第二，由于本身就业能力以及农村就业条件的局限，许多农民从农村转移到城市，想要在城市中谋得一份职业，或者积极寻求农业领域以外的收入方式。新型城镇化战略为农民提供了更多职业可能性，而创业培训为农民进行多样化职业选择和做出创业决策提供了外在驱动力。综上所述，提出以下假设：

假设 6-1：创业培训对农民创业意愿具有正向影响。

二、感知就业能力与农民创业意愿

就业与创业虽然是两种不同的职业道路，但诸多研究表明，职业能力并不仅仅只预测一般工作相关的职业结果，对创业生涯与创业结果也有显著的预测效果（Tolentino et al.，2014；梁明辉和易凌峰，2017；梁祺和王影，2016）。举例而言，职业关注、职业好奇等职业适应能力能够帮助个体培养创业激情（梁祺和王影，2016），而职业探索行为与应对行为能够帮助大学生做出创业决策（Pérez-López et al.，2019）。基于此，本章认为，对自身就业能力的感知与创业意愿积极相关。原因主要有以下两点：第一，感知自身就业能力越强，表明个体对自身具备的工作能力越有信心，这通常与高水平的自我效能感相关（Huang，2015；Rothwell et al.，2009），这种自我认知通常也是创业意向的前因（Dheer & Lenartowicz，2019；Fernández-Pérez et al.，2019）。第二，当个体具有较强的就业能力或外部可雇用性时，他们往往具有较高水平的工作能力、个人品质（如韧性等），以及能够提供信息与支持的人际网络（Rothwell & Arnold，2007）。Berntson 等（2008）指出，高水平的就业能力反映了一个人"解决与工作有关的具体问题和处理困难情况的能力"。这些能力和资源能够帮助个体适应职业环境，应对职业发展中的挑战。当个体将这些能力运用到创业领域时，同样也能帮助他们应对创业复杂性任务，进而促进他们对创业可行性的感知。因此，提出以下假设：

假设 6-2：感知外部就业能力对农民创业意愿具有正向影响。

三、感知就业能力的调节作用

尽管创业培训可能在个体创业意愿形成过程中发挥很大作用，但并非对每一个接受了培训的农民，他们的创业意愿程度都一定会提高。是否想要创业还取决于农民自身的条件。同样的情境下，为何有些人会选择创业而另一些人不会？个体—环境匹配理论作为解释个人职业选择的一个重要理论框架，也为解释创业生涯选择提供了一个很好的理论依据（Dheer & Lenartowicz，2019；Hsu et al.，2019）。该理论指出（Jansen & Kristof-Brown，2006），每个人的需求、愿望、知识与能力各不相同；个人所处的环境在复杂性、文化和期望方面也各不相同；此外，个人往往被那些能够与他们的需求和能力相匹配的环境所吸引，从而达到个人需求与环境供给的契合。当农民感知自身就业能力较强时，他们可以比较轻松地在就业市场上获得工作（Berntson & Marklund，2007；Janssens et al.，2003），对他们而言，本身能力水平可能已经较高，因此，创业培训的作用可能会被弱化，也就是说创业培训与感知就业能力之间是替代的关系。相反，当农民认为自己难以在外部劳动力市场获得一份较为满意的工作时，就意味着他们认为自身能力比较缺乏。通过创业培训，他们能够获得技能与知识，并成为他们创业的资源，这种"供给"与需求的匹配可以促成更强烈的创业意愿。综上所述，提出以下假设：

假设 6-3：感知就业能力在创业培训与创业意愿之间起调节作用，感知就业能力越弱，创业培训与创业意愿的正相关关系越强。

综上所述，本章研究共提出假设 3 个，具体如表 6-1 所示。

表 6-1 本章假设汇总

假设	假设内容
假设 6-1	创业培训对农民创业意愿具有正向影响
假设 6-2	感知外部就业能力对农民创业意愿具有正向影响
假设 6-3	感知就业能力在创业培训与创业意愿之间起调节作用，感知就业能力越弱，创业培训与创业意愿的正相关关系越强

第三节　研究方法

一、问卷设计与样本统计

本章主要采用现场发放纸质问卷的形式收集数据，通过滚雪球的方式联系农民并收集相应数据，为了在收集农民样本时按研究要求对样本进行甄选，在问卷中设置了一个题目进一步识别农民样本（请问您的户口是否为农业户口?）。为了提高农民的参与度，每一位参与现场调研的农民都可以获得一份小礼品。最终回收 221 份问卷，删除重要信息缺失或不符合上述样本筛选标准的问卷 9 份，最终获得有效问卷 212 份，有效回收率为 95.9%。在这 212 位农民中，53.3% 为男性，46.7% 为女性；年龄为 26~30 岁的受访者占多数，比例为 33.5%；绝大多数参与者文化程度为初中及以下，比例为 35.4%。

二、变量测量

本章涉及的量表均为成熟量表。创业意愿的量表采用研究一与研究二使用的测量工具，感知外部就业能力的量表采用双向互译程序将原始英文版量表翻译成中文（Brislin et al.，1973）。创业意愿与感知就业能力的测量均采用李克特五点量表，1 表示"非常不同意"，5 表示"非常同意"。

1. 自变量

创业培训。本章采用虚拟变量来测量农民接受的创业培训。接受过创业培训的农民记为 1，未接受过创业培训的农民记为 0。

2. 调节变量

感知就业能力。研究使用 Berntson 和 Marklund（2007）开发的量表来测量农民感知的外部就业能力。同其他学者开发的感知就业能力量表类似（Rothwell & Arnold，2007），该量表分别从工作能力、人际网络、经验等方面来测量个体对自身就业能力的感知。该量表共 5 个题项（具体条目如表 6-2 所示）。在本研究中该变量的 Cronbach's Alpha 系数为 0.702。

表 6-2　感知就业能力测量条目

编号	条目
PE1	我的能力在就业市场上是受欢迎的
PE2	我能通过自己的人脉关系获得一份比较好的工作
PE3	我知道有公司能让我去工作
PE4	我有能力轻松地在不同的公司找到新的工作
PE5	我拥有就业市场需要的工作经验

注：PE 表示感知就业能力。

3. 因变量

创业意愿。同本章研究一与研究二一致，本章采用 Liñán 和 Chen（2009）开发的 6 条目量表来测量农民创业意愿。在本章中该变量的 Cronbach's Alpha 系数为 0.900。

4. 控制变量

本章的控制变量选取标准如下：首先，研究控制了人口统计学因素，包括性别、年龄、婚姻状况、受教育程度。其次，研究控制了对创业意愿具有潜在影响的创业相关变量，包括家庭创业背景等。控制变量的衡量标准同研究一一致。

第四节　实证分析

一、描述性统计分析

对各个变量的均值、标准差与相关性进行统计，结果统计在表 6-3 中。由表 6-3 可知，感知外部就业能力与创业意愿显著负相关（$r = -0.244$、$p < 0.01$），创业培训与创业意愿显著正相关（$r = 0.216$、$p < 0.01$）。控制变量中，家庭创业背景与创业意愿显著正相关（$r = 0.147$、$p < 0.05$）。

表 6-3　变量描述性统计分析

变量	M	SD	1	2	3	4	5	6	7
1. 性别	0.470	0.500							
2. 年龄	3.030	1.648	0.056						
3. 婚姻状况	0.530	0.527	0.070	−0.006					
4. 受教育程度	2.220	1.140	−0.220**	−0.463**	−0.152*				
5. 家庭创业背景	0.510	0.500	−0.108	0.100	0.116	−0.034			
6. 创业培训	0.170	0.376	0.005	0.037	0.025	0.002	0.078		
7. 感知外部就业能力	3.102	0.710	−0.095	−0.019	0.019	−0.051	−0.098	−0.030	
8. 创业意愿	3.063	0.762	−0.076	−0.059	−0.098	0.041	0.147*	0.216**	−0.244**

注：N=212，＊表示 $p<0.05$，＊＊表示 $p<0.01$，＊＊＊表示 $p<0.001$。

二、假设检验

1. 创业培训与农民创业意愿

本章使用 SPSS25.0 进行回归分析，检验创业培训、感知就业能力与创业意愿之间的关系。表6-4 中模型2 的结果表明，创业培训对创业意愿具有显著正向作用（B=0.419、$p<0.01$），由此，假设6-1 得到验证。

表 6-4　感知就业能力的调节效应检验

变量		创业意愿		
		M1	M2	M3
控制变量	性别	−0.077	−0.128	−0.125
	年龄	−0.038	−0.048	−0.047
	婚姻状况	−0.169	−0.167	−0.169
	受教育程度	−0.014	−0.034	−0.038
	家庭创业背景	0.248*	0.184	0.176
自变量	创业培训		0.419**	−0.047
调节变量	感知外部就业能力		−0.253***	−0.277***
交互项	创业培训×感知外部就业能力			0.152
	R^2	0.043	0.142	0.144

续表

变量	创业意愿		
	M1	M2	M3
ΔR^2	0.043	0.098***	0.003
F	1.864	4.807***	4.274***

注：N=212，＊表示$p<0.05$，＊＊表示$p<0.01$，＊＊＊表示$p<0.001$。

2. 感知外部就业能力对创业培训与创业意愿的调节作用

研究采用传统的三步回归分析方法来检验感知外部就业能力的调节作用。表6-4 中的模型 2 显示，感知就业能力与创业意愿具有显著正相关关系（B＝-0.253、$p<0.001$），说明农民感知到自己的就业能力越高时，越倾向于被雇用，假设 6-2 未得到验证。如模型 3 所示，感知就业能力与创业培训的交互项对创业意愿的影响并不显著（B＝0.152、$p=n.s.$）。也就是说，农民对自身就业能力感知越高时，越愿意选择被雇用而不是自我雇用，此时，是否接受过创业培训对他们的创业意愿影响不大，假设 6-3 未得到支持。

第五节　结论与讨论

一、研究结果

本章基于个体—环境匹配理论，分析探讨创业培训对农民创业意愿的作用，并进一步检验了农民感知外部就业能力在创业培训与创业意愿之间的调节作用。研究三所有假设的最终检验结果汇总如表6-5 所示。

表6-5　研究三假设检验结果汇总

假设	假设内容	是否支持
假设 6-1	创业培训对农民创业意愿具有正向影响	支持
假设 6-2	感知外部就业能力对农民创业意愿具有正向影响	不支持
假设 6-3	感知就业能力在创业培训与创业意愿之间起调节作用，感知就业能力越弱，创业培训与创业意愿的正相关关系越强	不支持

二、研究启示

虽然社会各界对农民职业培训给予了很多关注，然而理论界相关的实证研究还比较缺乏。通过对农民群体的调研，本章旨在检验创业培训这一外部支持对农民创业意愿的影响，并探讨农民感知的就业能力如何影响其接受创业培训的效果。研究发现，创业培训能够显著提高农民对创业的兴趣，而感知就业能力水平越高，农民的创业意愿越不强，这与本章提出的假设正好相反，但同时也说明，当农民感到能够获得足够的外部就业机会时，他们不太倾向于以创业作为职业选择。具体来说，本章具有以下理论和实践启示。

1. 理论启示

首先，本章验证了创业培训对农民创业意愿的影响，丰富了农民创业意愿影响因素的研究。尽管学者呼吁有关创业意愿的研究不应仅局限于个体的心理过程，还要考虑特定事件的影响（林嵩等，2016），但这一研究方向至今未得到充分探索。在以往的实证研究中，创业教育或培训是否能够显著促进创业意愿，其结果还有分歧。为了进一步明确创业培训对农民创业意愿的作用，本章探讨了二者的直接关系。实证结果表明，相对于那些没有接受过创业培训的农民而言，接受过创业培训的农民拥有更强的创业意愿。这表明，对农民群体而言，创业培训在激发创新创业活力方面具有重要的作用。

其次，本章考察感知外部就业能力与创业意愿的关系，加深了对创业生涯与一般职业生涯互动过程的理解。新型城镇化背景下，农民如何更好地融入社会经济生活是一个社会关心的重要话题。创业和就业作为两种不同的职业发展路径，对农民而言存在不同的技能和知识要求。本章从个体职业生涯管理的视角出发，探讨了感知外部就业能力与创业意愿之间的关系。事实上，已经有学者证实，当个体感知到自身在就业市场上具有较高水平的可雇用性时，会形成较强的创业意向（Atitsogbe et al.，2019）。但本章在中国本土文化背景下验证感知就业能力与创业意愿的关系，得到了与先前研究不同的结论，即农民感知就业能力对创业意愿显著负向影响，这一结论一定程度上反映出农民群体在职业选择过程中的偏向性，有利于深入了解农民的职业决策过程。

2. 实践启示

首先，研究结果表明创业培训会提高农民成为创业者的可能性。对在劳动力市场竞争力较弱的农民群体，政府主导的创业指导会使他们更有可能成为个体经营者。因此，为了促进农民可持续职业技能的发展，政府可以在创业支持方面加大力度，以创业培训的方式提升农民职业能力和素养。例如，对农民群体，尤其是农村转移到城市的这一部分农民群体，政府可以为他们提供创业辅导，帮助他们在更广泛的领域和行业中寻找适合的创业项目（郑风田和孙谨，2006）。此外，政府可以为农民建立创业基地，统一帮扶管理。

其次，研究发现感知外部就业能力对农民创业意向产生负向影响，即当农民感知自身就业能力水平越高时，他们的创业意愿也越高。也就是说，当农民认为自己难以在外部劳动力市场上获得一份较满意的工作时，他们越倾向于选择创业。然而，当外部就业能力较弱时，意味着个体在应对困难、面对挑战等方面的能力也较弱（Berntson et al.，2008），这并不利于创业活动的开展。在这种局面下，更需要有关部门与培训机构帮助农民提高自身就业能力。这样不仅能够促进创业活动，也能增加农民创业者应对创业挑战的能力。例如，通过教育、职业支持来培养个体的职业信心，提高他们对自身就业能力水平的感知（Wittekind et al.，2010）。

三、局限与展望

本章主要存在以下两点不足：

首先，为了检验个人与环境的交互作用对创业意愿的影响，并从职业生涯管理的角度分析个体如何权衡自我雇用与被雇用的关系，本章仅考虑了一个调节变量（即农民感知的外部就业能力）。考虑到影响农民创业的个人因素较为复杂，未来研究可以引入其他个人因素作为调节变量（如创业激情等）。

其次，本章采用 0~1 变量来测量创业培训的作用，这可能不利于深入理解创业培训对创业意愿的影响机制。例如，是哪种形式的创业培训提高了农民的创业意向？创业培训的持续时间是否对创业意愿也有影响？通过虚拟变量来测量创业培训难以很好地回答这一系列问题。因此，未来针对这一主题的研究可以尝试从不同维度细分创业培训，以便更好地发掘创业意愿的诱因。

第六节　本章小结

　　本章基于个体—环境匹配理论，以 212 名农民为研究对象，探讨了创业培训、农民感知外部就业能力与创业意愿的关系，一定程度解释了个体在创业培训干预下，如何根据自身职业能力的评估，从而形成或降低创业倾向。通过多层线性回归的结果，研究发现创业培训能够提高农民创业意愿，也就是说，接受过创业培训的农民更愿意选择创业。而农民感知到自身的就业能力（或可雇用性）越高，农民的创业意愿则越低，说明就业和创业之间是相互替代的关系。这些发现为农民的就业问题研究提供了一定的参考，同时，也为农民的创业生涯指导提供了理论依据。

第七章　总结与展望

第一节　主要结论

本书主要探究职业生涯管理视角下农民创业意愿的影响因素。通过系统梳理文献、访谈以及问卷调查等研究程序，并对收集的数据进行实证分析，分别从不同方面对农民创业意愿的影响因素进行考察。具体来说，本书首先基于生涯建构理论，从个人层面探讨了影响农民创业意愿的适应性性格特征（面子意识、优柔寡断）和生涯适应力的作用；其次基于 SCCT 理论，从环境层面探讨创业制度环境与家庭支持对农民创业意愿的作用；最后基于个体—环境匹配理论，从个人—环境交互层面探讨创业培训如何影响农民创业意愿。基于上述三项研究，本书深入考察了中国情境下的个体与环境因素对农民创业意愿的作用机制，并得到以下研究结论：

一、农民面子意识通过影响生涯适应力进而影响农民创业意愿，优柔寡断的性格在此关系路径中发挥调节作用

本书分析了个体的生涯建构过程如何影响创业意愿的发展，通过对 171 位农民的数据分析发现：首先，农民的面子意识对创业意愿的作用不同，具体来说，越怕丢面子的农民，越倾向于回避创业这种高风险、高不确定性的职业选择，因此其创业意愿越低。而想要面子的农民尽管希望通过创业来获得高收入及职业成就，但其创业意愿并不受这种面子倾向的显著影响。其次，生涯适应力作为一种个人心理资源，在面子意识与创业意愿之间发挥一部分中介作用。具体来讲，农

·137·

民越怕丢面子，其生涯适应力水平越低，这会进一步阻碍农民创业意愿的形成，也就是说生涯适应力在怕丢面子与创业意愿之间具有中介传导作用。然而，农民想要面子的意识并不会对其生涯适应力产生显著影响，因此，生涯适应力在想要面子与创业意愿之间的中介作用不显著。这一结论表明，怕丢面子意识在农民生涯建构过程中的作用比想要面子意识更明显。这一结论同已有研究观点相类似（Chou，1996；Hallahan et. al.，1997），均表明在亚洲文化中，丢面子对个体的影响相对于得面子更显著。

另外，研究发现优柔寡断的性格在面子意识、生涯适应力和创业意愿的关系中具有调节作用。具体而言，一方面，农民的性格越优柔寡断，想要面子意识对生涯适应力的影响越弱；而农民的性格越不优柔寡断，想要面子意识对生涯适应力的正向作用越显著。另一方面，农民优柔寡断的性格也会调节怕丢面子意识对生涯适应力的负向影响，性格越优柔寡断的农民，他们怕丢面子的意识越会阻碍生涯适应力的发展；而性格越不优柔寡断的农民，即使害怕丢面子，他们的生涯适应力也不会有显著降低。此外，进一步研究发现，优柔寡断的性格也会调节生涯适应力对怕丢面子与创业意愿的中介作用，也就是说，优柔寡断程度越高，生涯适应力在怕丢面子与创业意愿之间所起的中介效应越强，反之越弱。但优柔寡断的性格并不显著调节生涯适应力在想要面子意识与创业意愿间的中介作用。以上结果表明，优柔寡断在个体创业生涯发展中的作用不容忽视。

二、创业制度环境与家庭创业支持能够影响个体的社会认知，对形成创业意愿具有重要的作用

通过对 209 位农民的调查数据分析发现，国家与家庭环境是影响农民创业意愿的重要因素。第一，有利的创业制度环境能够促进个体创业自我效能感和创业积极结果预期的形成，而这两个社会认知变量会正向影响创业意愿。第二，创业制度环境对农民创业意愿的直接作用不显著，而是通过施加社会劝说，提供创业支持等，作用于个体的创业自我效能感，进而提高农民创业意愿。第三，家庭支持对农民创业意愿具有直接和间接的作用。具体来说，家庭支持能够提高个体创业自我效能感，并通过影响个体创业的信心，进而影响个体的创业意愿。但家庭支持并不能显著提高农民对创业结果的积极预期。第四，研究发现创业自我效能感越高的个体，越有可能形成积极的创业预期。

三、创业培训会促进农民创业意向的形成，但感知自身就业能力会降低农民的创业意愿

通过对 212 位农民的调查数据分析发现，创业和就业的不同构念会影响农民对创业职业的态度。第一，创业培训对农民创业意愿具有正向作用，也就是说，接受过创业培训的农民相对于未接受过创业培训的农民更倾向于成为创业者。第二，农民感知自身的外部就业能力越高，他们的创业意愿越低，该结论与先前探讨感知就业能力与创业意愿关系的研究发现并不一致（Atitsogbe et al.，2019），说明对抗风险能力相对较弱的农民群体而言，当他们认为有风险相对较低的就业渠道时，他们不太愿意冒险去创业。那些想要创业的农民群体可能认为自身就业能力较弱，当他们创业时，更可能面临能力水平低带来的风险。因此，创业培训的一个重点是针对感知就业能力较低的农民群体。通过创业培训，不仅提高他们的创业相关技能，也培育通用就业技能，以此帮助他们提升创业过程中抗风险的能力。

第二节　研究贡献与启示

一、理论贡献

本书结合职业管理领域的理论视角，开展三项研究，整体得到如下几点理论启示：

1. 响应 Burton 等（2016）的号召，引入职业管理理论的研究框架探讨创业意愿的形成机制，顺应了创业研究与职业生涯管理研究相结合的发展趋势

Burton 等（2016）认为，和其他职业如教师、护士等一样，创业只是个体为了获得职业成功而做出的众多职业决策中的一个。特别是在无边界职业生涯背景之下，一个人往往拥有两种甚至更多的职业。和其他职业一样，创业也有其生命周期，面临变动、决策、困境等一系列生涯问题。然而，作为一类较为特殊的职业类型，过去在创业研究的范式、内容和方法上往往局限于创业领域的相关理

论，而忽视了个体将创业作为一项职业选择的心理状态与过程。本书通过对中国情境下农民创业意愿的研究，实证检验潜在农民创业者创业生涯初期的创业意愿是如何形成的。首先，基于生涯建构理论，检验生涯适应力在农民个体性格特征与创业意愿之间发挥的作用；其次，基于 SCCT 理论，探讨环境因素如何影响农民的创业职业目标与职业兴趣；最后，基于个体—环境匹配理论，探讨农民如何平衡外部雇用机会与自我雇用意愿。通过这三项研究，系统讨论中国城市化背景下农民如何适应环境，进行职业生涯管理，以及形成创业意愿。这些尝试丰富了创业研究的理论视角，也为创业意愿的研究补充了更为广泛的学术见解。

2. 探讨了中国本土情境下的个体与环境因素对创业意愿的作用机制，对创业意愿前因变量的研究进行了有益补充

一方面，分析了中国人典型的个体特征（面子意识）与创业意愿的关系，并发现想要面子与怕丢面子对创业意愿的形成具有不同的作用效果。进一步地，验证了优柔寡断在面子意识与生涯适应力之间的调节作用，这是首次将优柔寡断这一变量从一般职业领域引入创业领域进行研究。通过以上实证分析，拓展了创业意愿在个体因素方面的前因研究。另一方面，分析了转型经济体制下的创业制度环境如何影响个体创业意愿，并发现支持性的制度环境能够显著提高农民选择创业职业道路的意向程度。这一研究印证了已有研究的结论（Lin & Si，2014），表明制度环境仍然是影响中国小微工商业发展与创业活动的重要因素。鉴于中国的"家"文化，探讨了另一个重要的环境因素（家庭支持）对农民创业意愿的影响，并且发现，家庭支持能够影响个体创业自我效能感，进而影响个体创业的意愿。尽管诸多学者强调了家庭对创业的影响（Shen 等，2017），但鲜有实证研究检验家庭支持如何影响个体的创业生涯选择，因此，本书的结论一定程度上弥补了这一研究缺口。综上所述，本书考察了中国本土文化与社会因素对农民创业意愿的影响，拓展了创业意愿前因变量的研究。

二、实践启示

城市化背景下，农民的生活发生了日新月异的变化。由于要打破原有的职业边界，进入更多非农领域就业，农民的职业生涯发展也变得越来越具有挑战性。为了促进就业，政府鼓励农民通过自我雇用的方式获得收入，在就业市场上竞争力较弱的农民也可以通过这种方式更好地融入社会。因此，在中国特定的文化、经济背景下，从职业发展的角度研究农民创业问题，不仅能够帮助政府促进创业

活动，也为农民培养和发展优势的职业能力，从而更好地适应前所未有的职业挑战提供了依据，具体来说，本书具有以下几点实践意义：

1. 本土文化下的个体特征对个体创业生涯发展具有显著影响，这一研究发现为本土的职业与创业咨询提供了有力的参考依据

本书的实证研究表明，个体不同的面子观对创业意愿的作用不同，即怕丢面子会抑制创业意愿，而想要面子对创业意愿的影响不显著。一方面，这一研究发现强调了本土文化在创业意愿形成过程中的重要性，说明在以培养个体生涯适应力、激发创业意愿为目的的创业职业培训中，培训内容应当因地制宜，结合当地受训者的文化背景，制定有针对性的训练课程。另一方面，研究结论进一步表明，怕丢面子对农民创业意愿的影响相对于想要面子更显著。这一结论对开展本土职业与创业咨询具有重要价值，说明在调动农民创业积极性的过程中，要重点帮助农民降低怕丢面子对其创业意愿的负面影响。例如，对害怕丢面子的个体，创业与职业培训要帮助个体认识自己并树立正确的创业观，增强个体创业信心，降低因害怕丢面子而采取的回避行为的发生。在此基础上，通过强化成就感与荣誉感来激发农民创业意愿。

2. 在本土文化背景下研究农民创业意愿的前因，有助于进一步理解影响农民创业的文化与社会环境因素，为当地政策制定者在促进创业方面提供一定的理论参考

随着新型城镇化战略的提出，"如何实现城乡融合发展，促进农业转移人口更好地融入城市生活"等问题也受到关注。在"大众创业，万众创新"的社会背景下，创业已经成为农民融入社会经济生活的一个重要方式，政府出台了多项措施鼓励农民创业。根据本书的实证研究结果，国家制度环境会影响农民的创业认知，并进一步影响农民创业意愿的强度。因此，政府在制定政策或进行创业引导时，要注重培养有利于农民创业的制度环境。例如，为农民创业者提供有力的金融支持，搭建有利于农民创业的平台，为农民提供合适的创业项目机会等（朱红根和康兰媛，2013）。此外，创业教育能够显著影响农民创业意愿，而教育程度与农民职业生涯适应力也显著相关（见本书研究一和研究三）。因此，政府应该加大力度促进创业教育，为潜在创业者提供创业培训与指导，制定相关政策保证农村地区的教育质量，保证农民接受教育的机会，提升农民的创业知识储备与职业素质。

3. 个人职业能力与就业能力会影响个体创业生涯的发展，这些研究发现为个体管理自身创业与职业生涯提供了参考

本书从职业生涯管理的视角探讨了一般职业与创业的变量如何互相渗透、互

相作用，进而影响个体的创业意愿。尽管赵晓东和吴道友（2008）认为，创业是明显区别于一般职业的一种职业路径，然而，前文已经提到，创业同一般性的职业类似，也有其发展的生命周期，可以将创业视为众多职业中的一种，将职业生涯研究的方法、理论框架引入创业领域，来研究创业者职业发展路径（Burton et al.，2016）。研究一的结论进一步表明，个体的职业能力越强，越有利于激发其创业兴趣。因此，对想要选择创业这一职业路径的个人，应当在培养专门的创业技能的同时，提升自己一般性的职业技能。例如，通过专门的职业训练（如信息收集训练等）培养生涯适应力，从而提高自身应对职业转换的能力（Koen et al.，2012）。这样，城市化背景下的农村转移人口有可能在向创业者转变的过程中更好地适应一系列职业事件，从而获得成功。

第三节　研究局限与未来展望

本书立足中国本土文化与社会情境，从理论上探讨并实证检验了个体因素、环境因素、个体—环境交互因素如何影响农民创业意愿的形成，为农民创业问题的研究提供了理论与实践依据，但由于受时间、资源、样本特殊性及研究数据可得性等各种主客观因素的影响及制约，同其他研究一样，本书也存在一些局限性，有待未来进一步完善。综合三个研究，本节将文章主要的局限与未来展望总结如下：

第一，在边界条件方面，本书主要关注了优柔寡断与个体感知就业能力在创业意愿形成过程中的调节效应，这有利于深入理解个体因素在个人创业生涯过程中的作用机制，后续研究可进一步从职业生涯管理的视角探讨影响个体创业意愿的其他边界条件，以扩展和丰富个体认知/情境—创业意愿关系的研究。例如，农民创业活动并不是发生在社会真空条件下的，在个体构建职业生涯的过程中，个体所处的社会情境（如政策支持、金融环境、互联网环境等），以及经历的职业事件均会影响农民对创业生涯可行性与合意性的感知。因此，未来研究可以延伸本书的理论视角，引入职业相关的环境因素作为个体构建创业生涯的边界条件。具体而言，研究显示员工对失业的感知会提升其创业倾向（Mwangi & Ro-tich，2019），由此来看，职业冲击（Career Shock）可能在个体特征—创业意愿之间具有调节作用，未来可以从这一方面探讨创业意愿形成的边界条件。

第二，在结果变量方面，本书将农民创业意愿作为结果进行考察。创业决策和实际行动并非一蹴而就，而是需要一个过程，而形成最终的创业行动之前创业者首先必须有创业意愿，因此，创业意愿是研究新生/潜在创业者的一个适当的结果变量（Hsu et al.，2019）。尽管本书并未将创业行为或行动作为研究落脚点，但由于创业意愿是创业活动的重要预测因素（Tsai et al.，2016），并且创业意愿近年来仍是国内外创业研究者关注的重要议题之一（Liguori et al.，2020；刘凤等，2020），因此作为研究个体创业活动的次优选择，本书的研究结论对激励个体创业仍具有重要的理论和实践意义。然而，鉴于意向并不一定转化为实际的行为，越来越多创业领域的学者开始将个体创业意愿向实际发生的创业活动进行延伸。基于此，未来研究可以尝试将本书的研究框架运用到创业者群体中，考察新生农民创业者实际发起的创业行为。

第三，在研究设计方面，本书三项研究使用的数据均为横断面数据，这种数据采集方式可能会增加共同方法偏差的风险。尽管前文已经提到，三项研究均在调研之前对共同方法偏差进行了规避，并在数据回收后通过科学方法检验，并且证明这种偏差对研究结果的有效性并未构成严重的威胁。但由于横断面数据一方面难以反映个体应对创业环境变化，管理创业生涯的动态过程，另一方面在分析变量之间因果关系时，不及纵向研究所得因果结论更可靠。因此，对创业意愿、决策及行为等的研究，未来可以考虑纵向研究设计，通过引入时间序列，跨期分阶段搜集长期数据，以进一步探讨环境因素与创业意愿的因果关系。此外，创业意愿可能会随着时间的推移而改变（Shinnar et al.，2018），因此可以使用较短的时间间隔搜集多时点的动态数据，捕捉受访者接近各时间点的意愿强度，从而检验个体/环境因素与创业意愿之间的动态关系。

第四，在研究方法方面，本书采用问卷调研的方式收集数据，这种研究方法是目前管理学定量研究中较为成熟和普遍使用的方法之一，被证明具有较好的外部可靠性。但采用该方法收集数据进行实证检验时存在一定的局限性。例如，同采用问卷调研方法的其他研究一样，本书涉及的变量大多通过受访者自我评估的方式来测量，调研可能受填答者主观因素影响，导致在使用量表测量潜在的抽象构念时，不可避免地存在测量误差，进而影响测量的精确性。未来研究可以综合多样化的研究方法（如定性案例分析、实验研究等）来验证本书的理论模型。例如，通过实验法与问卷调研法相结合的方式开展创业研究，以进一步确保研究结论的内外部有效性。

参考文献

[1] Abebe M A, Alvarado D. Blessing in Disguise? Social and Institutional Determinants of Entrepreneurial Intentions following Involuntary Job Loss [J]. Journal of Small Business Management, 2018, 56 (4): 555-572.

[2] Ahlstrom D, Bruton G D. An Institutional Perspective on the Role of Culture in Shaping Strategic Actions by Technology-Focused Entrepreneurial Firms in China [J]. Entrepreneurship Theory and Practice, 2017, 26 (4): 56-69.

[3] Al-Jubari I, Hassan A, Liñán F. Entrepreneurial Intention among University Students in Malaysia: Integrating Self-Determination Theory and the Theory of Planned Behavior [J]. International Entrepreneurship and Management Journal, 2019, 15 (4): 1323-1342.

[4] Aiken L S, West S G. Multiple Regression: Testing and Interpreting Interactions [M]. Thousand Oaks, CA: Sage Publications, 1991.

[5] Ajzen I. The theory of planned behavior [J]. Organizational Behavior and Human Decision Processes, 1991, 50 (2): 179-211.

[6] Akkermans J, Brenninkmeijer V, Schaufeli W B, et al. It's All about Career SKILLS: Effectiveness of a Career Development Intervention for Young Employees [J]. Human Resource Management, 2015 (54): 533-551.

[7] Amarnani R K, Garcia P R J M, Restubog S L D, et al. Do You Think I'm Worth It? The Self-Verifying Role of Parental Engagement in Career Adaptability and Career Persistence Among STEM Students [J]. Journal of Career Assessment, 2018, 26 (1): 77-94.

[8] Atitsogbe K A, Mama N P, Sovet L, et al. Perceived Employability and Entrepreneurial Intentions across University Students and Job Seekers in Togo: The Effect of Career Adaptability and Self-Efficacy [J]. Frontiers in psychology, 2019 (10):

180.

[9] Austin M J, Nauta M M. Entrepreneurial Role-Model Exposure, Self-Efficacy, and Women's Entrepreneurial Intentions [J]. Journal of Career Development, 2015 (43): 1-13.

[10] Autin K L, Douglass R P, Duffy R D, et al. Subjective Social Status, Work Volition, and Career Adaptability: A Longitudinal Study [J]. Journal of Vocational Behavior, 2017 (99): 1-10.

[11] Bao Y Q, Zhou K Z, Su C T. Face Consciousness and Risk Aversion: Do They Affect Consumer Decision - Making [J]. Psychology & Marketing, 2003, 20 (8): 733-755.

[12] Bandura A. Social Foundations of Thought and Action: A Social Cognitive Theory [M]. Englewood Cliffs, NJ: Prentice Hall, 1986.

[13] Bandura, A. Social Cognitive Theory of Self-Regulation [J]. Organizational Behavior and Human Decision Processes. 1991 (50): 248-287.

[14] Bandura A. Self-Efficacy: The Exercise of Control [M]. New York: Freeman, 1997.

[15] Bavolar J. Psychometric Characteristics of Two Forms of the Slovak Version of the Indecisiveness Scale [J]. Judgment and Decision Making, 2018, 13 (3): 287-296.

[16] Begley T M, Tan W L. The Socio-Cultural Environment for Entrepreneurship: A Comparison Between East Asian and Anglo-Saxon Countries [J]. Journal of International Business Studies, 2001, 32 (3): 537.

[17] Berntson E, Marklund S. The Relationship between Perceived Employability and Subsequent Health [J]. Work & Stress, 2007, 21 (3): 279-292.

[18] Berntson E, Näswall K, Sverke M. Investigating the Relationship between Employability and Self-efficacy: A Cross-Lagged Analysis [J]. European Journal of Work and Organizational Psychology, 2008 (17): 413-425.

[19] Betz N E, Voyten K K. Efficacy and Outcome Expectations Influence Career Exploration and Decidedness [J]. Career Development Quarterly, 1997, 46 (2): 179-189.

[20] Biraglia A, Kadile V. The Role of Entrepreneurial Passion and Creativity in Developing Entrepreneurial Intentions: Insights from American Homebrewers [J].

Journal of Small Business Management, 2017, 55 (1): 170-188.

[21] Bird B. Implementing Entrepreneurial Ideas: The Case for Intention [J]. Academy of Management Review, 1988, 13 (3): 442-453.

[22] Bloemen-Bekx M, Voordeckers W, Remery C, et al. Following in Parental Footsteps? The Influence of Gender and Learning Experiences on Entrepreneurial Intentions [J]. International Small Business Journal, 2019, 37 (6): 642-663.

[23] Bonesso S, Gerli F, Pizzi C, et al. Students' Entrepreneurial Intentions: The Role of Prior Learning Experiences and Emotional, Social, and Cognitive Competencies [J]. Journal of Small Business Management, 2018 (56): 215-242.

[24] Boyar S L, Campbell N S, Mosley D C Jr, et al. Development of a Work/Family Social Support Measure [J]. Journal of Managerial Psychology, 2014, 29 (7): 901-920.

[25] Boyd D P, Gumpert D E. Coping with Entrepreneurial Stress [J]. Harvard Business Review, 1983, 61 (2): 44-64.

[26] Boyd N G, Vozikis G S. The Influence of Self-Efficacy on the Development of Entrepreneurial Intentions and Actions [J]. Entrepreneurship Theory and Practice, 1994, 18 (4): 63-77.

[27] Brinckmann J, Kim S. Why We Plan: The Impact of Nascent Entrepreneurs' Cognitive Characteristics and Human Capital on Business Planning [J]. Strategic Entrepreneurship Journal, 2015 (9): 153-166.

[28] Brislin R W, Lonner W J, Thorndike R M. Cross-Cultural Research Methods [M]. New York. NY: Wiley, 1973.

[29] Browne M W, Cudeck R. Alternative Ways of Assessing Model Fit [J]. Sage Focus Editions, 1993 (154): 136.

[30] Brunner J A, You W. Chinese Negotiating and the Concept of Face [J]. Journal of international consumer marketing, 1988, 1 (1): 27-44.

[31] Burnette J L, Pollack J M, Forsyth R B, et al. A Growth Mindset Intervention: Enhancing Students' Entrepreneurial Self-Efficacy and Career Development [J]. Entrepreneurship Theory and Practice, 2019 (1): 1-31.

[32] Busenitz L W, Gómez C, Spencer J W. Country Institutional Profiles: Unlocking Entrepreneurial Phenomena [J]. Academy of Management Journal, 2000, 43 (5): 994-1003.

［33］Burton A D, Sørensen J B, Dobrev S D. A Careers Perspective on Entrepreneurship［J］. Entrepreneurship Theory and Practice, 2016（40）: 237-247.

［34］Cadenas G A, Cantú E A, Lynn N, et al. A Programmatic Intervention to Promote Entrepreneurial Self-Efficacy, Critical Behavior, and Technology Readiness among Underrepresented College Students［J］. Journal of Vocational Behavior, 2020（116）: 1-11.

［35］Cai Z, Guan Y, Li H, et al. Self-Esteem and Proactive Personality as Predictors of Future Work Self and Career Adaptability: An Examination of Mediating and Moderating Processes［J］. Journal of Vocational Behavior, 2015（86）: 86-94.

［36］Cardon M, Kirk C. Entrepreneurial Passion as Mediator of the Self-Efficacy to Persistence Relationship［J］. Entrepreneurship Theory and Practice, 2015, 39（5）: 1027-1050.

［37］Carter N M, Gartner W B, Shaver K G, et al. The Career Reasons of Nascent Entrepreneurs［J］. Journal of Business Venturing, 2003, 18（1）: 13-39.

［38］Cassar G, Friedman H. Does Self-Efficacy Affect Entrepreneurial Investment?［J］. Strategic Entrepreneurship Journal, 2009（3）: 241-260.

［39］Celik P, Storme M. Trait Emotional Intelligence Predicts Academic Satisfaction Through Career Adaptability［J］. Journal of Career Assessment, 2018, 26（4）: 666-677.

［40］Chan H, Wan L C, Sin L Y. The Contrasting Effects of Culture on Consumer Tolerance: Interpersonal Face and Impersonal Fate［J］. Journal of Consumer Research, 2009, 36（2）: 292-304.

［41］Chartrand J M, Robbins S B, Morrill W H, et al. Development and Validation of the Career Factors Inventory［J］. Journal of Counseling Psychology, 1990, 37（4）: 491-501.

［42］Chen C C, Greene P G, Crick A. Does Entrepreneurial Self-Efficacy Distinguish Entrepreneurs from Managers［J］. Journal of Business Venturing, 1998（13）: 295-316.

［43］Chen S-C, Hsiao H-C, Chang J-C, et al. Can the Entrepreneurship Course Improve the Entrepreneurial Intentions of Students?［J］. International Entrepreneurship and Management Journal, 2013, 11（3）: 557-569.

［44］Chen T T, Li F L, Leung K. When Does Supervisor Support Encourage Innovative Behavior? Opposite Moderating Effects of General Self-efficacy and Internal Locus of Control [J]. Personnel Psychology, 2016, 69 (1): 123-158.

[45] Cheung F, Fan W, To C. The Chinese Personality Assessment Inventory as a Culturally Relevant Personality Measure in Applied Settings [J]. Social and Personality Psychology Compass, 2008, 2 (1): 74-89.

[46] Cheung F M, Leung K, Fan R M, et al. Development of the Chinese Personality Assessment Inventory [J]. Journal of Cross - Cultural Psychology, 1996 (27): 181-199.

[47] Chong S, Leong F T L. Antecedents of Career Adaptability in Strategic Career Management [J]. Journal of Career Assessment, 2017, 25 (2): 268-280.

[48] Chou M L. Protective and Acquisitive Face Orientations: A Person by Situation Approach Face Dynamics in Social Interaction [D]. Hong Kong: University of Hong Kong, 1996.

[49] Churchill. Fractionalization, Entrepreneurship, and the Institutional Environment for Entrepreneurship [J]. Small Business Economics, 2017, 48 (3): 577-597.

[50] Cocroft B-A K, Ting-Toomey S. Facework in Japan and the United States [J]. International Journal of Intercultural Relations, 1994, 18 (4): 469-506.

[51] Coetzee M, Harry N. Emotional Intelligence as a Predictor of Employees' Career Adaptability [J]. Journal of Vocational Behavior, 2014, 84 (1): 90-97.

[52] Creed P A, Fallon T, Hood M. The Relationship between Career Adaptability, Person and Situation Variables, and Career Concerns in Young Adults [J]. Journal of Vocational Behavior, 2009, 74 (2): 219-229.

[53] Crites J O. Vocational Psychology [M]. New York: McGraw-Hill, 1969.

[54] De Clercq D, Danis W D, Dakhli M. The Moderating Effect of Institutional Context on the Relationship between Associational Activity and New Business Activity in Emerging Economies [J]. International Business Review, 2010, 19 (1): 85-101.

[55] De Cuyper N, De Witte H. Temporary Employment and Perceived Employability: Mediation by Impression Management [J]. Journal of Career Development, 2010, 37 (3): 635-652.

[56] De Cuyper N, Mauno S, Kinnunen U, et al. The Role of Job Resources in the Relation between Perceived Employability and Turnover Intention: A Prospective

Two-Sample Study [J]. Journal of Vocational Behavior, 2011a, 78 (2): 253-263.

[57] De Cuyper N, Van Der Heijden B I J M, De Witte H. Associations between Perceived Employability, Employee Well-Being, and Its Contribution to Organizational Success: A Matter of Psychological Contracts [J]. The International Journal of Human Resource Management, 2011b, 22 (7): 1486-1503.

[58] De Grip A, Van Loo J, Sanders J. The Industry Employability Index: Taking Account of Supply and Demand Characteristics [J]. International Labor Review, 143 (3): 211-233.

[59] DeNoble A, Jung D, Ehrlich S. Entrepreneurial Self-Efficacy: The Development of a Measure and Its Relationship to Entrepreneurial Action [M]// Reynolds PD (ed.). Frontiers of Entrepreneurship Research. Stanford, CA: Center for Entrepreneurial Studies, 1999: 73-87.

[60] De Vos A, Forrier A, Van der Heijden B, et al. Keep the Expert! Occupational Expertise, Perceived Employability and Job Search: A Study across Age Groups [J]. Career Development International, 2017, 22 (3): 318-332.

[61] Di Fabio A, Palazzeschi L. Incremental Variance in Indecisiveness Due to Cognitive Failure Compared to Fluid Intelligence and Personality Traits [J]. Personality and Individual Differences, 2013, 54 (2): 261-265.

[62] Di Fabio A, Palazzeschi L, Asulin-Peretz L, et al. Career Indecision Versus Indecisiveness: Associations With Personality Traits and Emotional Intelligence [J]. Journal of Career Assessment, 2013, 21 (1): 42-56.

[63] Dheer R J S, Lenartowicz T. Cognitive Flexibility: Impact on Entrepreneurial Intentions [J]. Journal of Vocational Behavior, 2019 (115): 1-17.

[64] Duffy R D. Sense of Control and Career Adaptability Among Undergraduate Students [J]. Journal of Career Assessment, 2010, 18 (4): 420-430.

[65] Duval-Couetil N, Reed-Rhoads T, Haghighi S. The Engineering Entrepreneurship Survey: An Assessment Instrument to Examine Engineering Student Involvement in Entrepreneurship Education [J]. The Journal of Engineering Entrepreneurship, 2011, 2 (2): 35-56.

[66] Earley P C. Face, Harmony and Social Structure: An Analysis of Organizational Behavior across Cultures [M]. New York: Oxford University Press, 1997.

[67] Edwards J R, Cable D M, Williamson I O, et al. The Phenomenology of

Fit: Linking the Person and Environment to the Subjective Experience of Person-Environment Fit [J]. Journal of Applied Psychology, 2006, 91 (4): 802-827.

[68] Entrialgo M, Iglesias V. The Moderating Role of Entrepreneurship Education on the Antecedents of Entrepreneurial Intention [J]. International Entrepreneurship and Management Journal, 2016, 12 (4): 1209-1232.

[69] Esfandiar K, Sharifi-Tehrani M, Pratt S, et al. Understanding Entrepreneurial Intentions: A Developed Integrated Structural Model Approach [J]. Journal of Business Research, 2019 (94): 172-182.

[70] Falck O, Heblich S, Luedemann E. Identity and Entrepreneurship: Do School Peers Shape Entrepreneurial Intentions [J]. Small Business Economics, 2012, 39 (1): 39-59.

[71] Farashah A D. The Process of Impact of Entrepreneurship Education and Training on Entrepreneurship Perception and Intention: Study of Educational System of Iran [J]. Education and Training, 2013, 55 (8/9): 868-885.

[72] Fasbender U, Wöhrmann A M, Wang M, et al. Is the Future Still Open? The Mediating Role of Occupational Future Time Perspective in the Effects of Career Adaptability and Aging Experience on Late Career Planning [J]. Journal of Vocational Behavior, 2019 (111): 24-38.

[73] Fayolle A, Liñán F, Moriano J. Beyond Entrepreneurial Intentions: Values and Motivations in Entrepreneurship [J]. International Entrepreneurship and Management Journal, 2014, 10 (4): 679-689.

[74] Fernández-Pérez V, Montes-Merino A, Rodríguez-Ariza L, et al. Emotional Competencies and Cognitive Antecedents in Shaping Student's Entrepreneurial Intention: The Moderating Role of Entrepreneurship Education [J]. International Entrepreneurship and Management Journal, 2019, 15 (1): 281-305.

[75] Fiori M, Bollmann G, Rossier J. Exploring the Path through Which Career Adaptability Increases Job Satisfaction and Lowers Job Stress: The Role of Affect [J]. Journal of Vocational Behavior, 2015 (91): 113-121.

[76] Fouad N A, Kantamneni N, Smothers M K, et al. Asian American Career Development: A Qualitative Analysis [J]. Journal of Vocational Behavior, 2008, 72 (1): 43-59.

[77] Fouad N A, Singh R, Cappaert K, et al. Comparison of Women Engineers

Who Persist In or Depart From Engineering [J]. Journal of Vocational Behavior, 2016 (92): 79-93.

[78] Frost R O, Shows D L. The Nature and Measurement of Compulsive Indecisiveness [J]. Behaviour Research and Therapy, 1993, 31 (7): 683-692.

[79] Fugate M, Kinicki A J, Ashforth B E. Employability: A Psycho-Social Construct, Its Dimensions, and Applications [J]. Journal of Vocational Behavior, 2004 (65): 14-38.

[80] Gast J, Werner A, Kraus S. Antecedents of the Small Firm Effect: The Role of Knowledge Spillover and Blocked Mobility for Employee Entrepreneurial Intentions [J]. International Entrepreneurship and Management Journal, 2017, 13 (1): 277-297.

[81] Gati I, Gadassi R, Saka N, et al. Emotional and Personality-Related Aspects of Career Decision-Making Difficulties: Facets of Career Indecisiveness [J]. Journal of Career Assessment, 2011, 19 (1): 3-20.

[82] Gati I, Krausz M, Osipow S H. A Taxonomy of Difficulties in Career Decision Making [J]. Journal of Counseling Psychology, 1996, 43 (4): 510.

[83] Germeijs V, De Boeck P. A Measurement Scale for Indecisiveness and Its Relationship to Career Indecision and Other Types of Indecision [J]. European Journal of Psychological Assessment, 2002, 18 (2): 113-122.

[84] Germeijs V, Verschueren K. Indecisiveness and Big Five Personality Factors: Relationship and Specificity [J]. Personality and Individual Differences, 2011, 50 (7): 1023-1028.

[85] Germeijs V, Verschueren K, Soenens B. Indecisiveness and High School Students' Career Decisionmaking Process: Longitudinal Associations and the Mediational Role of Anxiety [J]. Journal of Counselling Psychology, 2006, 53 (4): 397-410.

[86] Ghosh A, Kessler M, Heyrman K, et al. Student Veteran Career Transition Readiness, Career Adaptability, and Academic and Life Satisfaction [J]. Career Development Quarterly, 2019, 67 (4): 365-371.

[87] Gist M E. Self-Efficacy: Implications for Organizational Behavior and Human Resource Management [J]. Academy of Management Review, 1987, 12 (3): 472-485.

［88］Glozah Franklin N, Pevalin David J. Social Support, Stress, Health, and Academic Success in Ghanaian Adolescents: A Path Analysis ［J］. Journal of Adolescence, 2014, 37 (4): 451-460.

［89］Gómez-Haro S, Aragón-Correa J A, Cordón-Pozo E. Differentiating the Effects of the Institutional Environment on Corporate Entrepreneurship ［J］. Management Decision, 2011, 49 (10): 1677-1693.

［90］Gong Z, Li T. Relationship between Feedback Environment Established by Mentor and Nurses' Career Adaptability: A Cross-Sectional Study ［J］. Journal of Nursing Management, 2019, 27 (7): 1568-1575.

［91］Cooper D, Peake W, Watson W. Seizing Opportunities: The Moderating Role of Managerial Characteristics on the Relationship between Opportunity-Seeking and Innovation Efficacy in Small Businesses ［J］. Journal of Small Business Management, 2016 (54): 1038-1058.

［92］Gorgievski M J, Stephan U, Laguna M, et al. Predicting Entrepreneurial Career Intentions: Values and the Theory of Planned Behavior ［J］. Journal of Career Assessment, 2018, 26 (3): 457-475.

［93］Guan Y, Dai X, Gong Q, et al. Understanding the Trait Basis of Career Adaptability: A Two-Wave Mediation Analysis among Chinese University Students ［J］. Journal of Vocational Behavior, 2017 (101): 32-42.

［94］Guan Y, Deng H, Sun J, et al. Career Adaptability, Job Search Self-Efficacy and Outcomes: A Three-Wave Investigation among Chinese University Graduates ［J］. Journal of Vocational Behavior, 2013 (83): 561-570.

［95］Guo Y, Guan Y J, Yang X H, et al. Career Adaptability, Calling and the Professional Competence of Social Work Students in China: A Career Construction Perspective ［J］. Journal of Vocational Behavior, 2014 (85): 394-402.

［96］Gupta V K, Guo C, Canever M, et al. Institutional Environment for Entrepreneurship in Rapidly Emerging Major Economies: The Case of Brazil, China, India, and Korea ［J］. International Entrepreneurship and Management Journal, 2012, 10 (2): 367-384.

［97］Hahn H-J, Kim S. An Empirical Study on the Relationship between Perceived Employability and Employee Performance ［J］. Human Resource Development International, 2018, 21 (2): 74-90.

[98] Haibo Y, Xiaoyu G, Xiaoming Z, et al. Career Adaptability With or Without Career Identity: How Career Adaptability Leads to Organizational Success and Individual Career Success? [J]. Journal of Career Assessment, 2018, 26 (4): 717−731.

[99] Hallahan M, Lee F, Herzog T. It's not Just Whether You Win or Lose, It's also How You Play the Game: A Naturalistic, Cross−Cultural Examination of the Positivity Bias [J]. Journal of Cross−Cultural Psychology, 1997, 28 (6): 768−778.

[100] Hall D T. Protean Careers in the 21st Century [J]. Academy of Management Executive, 1996, 10 (4): 8−16.

[101] Hall D T, Chandler D E. Psychological Success: When the Career is Calling [J]. Journal of Organizational Behavior, 2005 (26): 155−176.

[102] Han H, Rojewski J W. Gender−Specific Models of Work−Bound Korean Adolescents' Social Supports and Career Adaptability on Subsequent Job Satisfaction [J]. Journal of Career Development, 2015, 42 (2): 149−164.

[103] Hayes A F. Introduction to Mediation, Moderation, and Conditional Process Analysis: A Regression−Based Approach [M]. New York, NY: Guilford, 2013.

[104] Hechevarria D, Renko M, Matthews C. The Nascent Entrepreneurship Hub: Goals, Entrepreneurial Self−Efficacy and Start−Up Outcomes [J]. Small Business Economics, 2012 (39): 685−701.

[105] Hirschi A, Herrmann A, Keller A C. Career Adaptivity, Adaptability, and Adapting: A Conceptual and Empirical Investigation [J]. Journal of Vocational Behavior, 2015 (87): 1−10.

[106] Hirschi A, Niles S G, Akos P. Engagement in Adolescent Career Preparation: Social Support, Personality and the Development of Choice Decidedness and Congruence [J]. Journal of Adolescence, 2011, 34 (1): 173−182.

[107] Ho D y−f. On the Concept of Face [J]. The American Journal of Sociology, 1976, 81 (4): 867−884.

[108] Hou Z J, Leung S A, Li X X, et al. Career Adapt−Abilities Scale—China Form: Construction and Initial Validation [J]. Journal of Vocational Behavior, 2012 (80): 686−691.

[109] Hou C, Wu L, Liu Z J. Effect of Proactive Personality and Decision−

Making Self-Efficacy on Career Adaptability among Chinese Graduates [J]. Social Behavior and Personality, 2014, 42 (6): 903-912.

[110] Hsu D K, Burmeister-Lamp K, Simmons S A, et al. "I Know I Can, but I Don't Fit": Perceived Fit, Self-Efficacy, and Entrepreneurial Intention [J]. Journal of Business Venturing, 2019, 34 (2): 311-326.

[111] Hu H C. The Chinese Concept of "Face." [J]. American Anthropologist, 1944, 46 (1): 45-64.

[112] Huang Q, Davison R M, Gu J. The Impact of Trust, Guanxi Orientation and Face on the Intention of Chinese Employees and Managers to Engage in Peer-to-Peer Tacit and Explicit Knowledge Sharing [J]. Information Systems Journal, 2011 (21): 557-577.

[113] Huang J-T. Hardiness, Perceived Employability, and Career Decision Self-Efficacy among Taiwanese College Students [J]. Journal of Career Development, 2015, 42 (4): 311-324.

[114] Huffman A H, Casper W J, Payne S C. How Does Spouse Career Support Relate to Employee Turnover? Work Interfering with Family and Job Satisfaction as Mediators [J]. Journal of Organizational Behavior, 2014, 35 (2): 194-212.

[115] Hwang A, Francesco A M, Kessler E. The Relationship between Individualism-Collectivism, Face, and Feedback and Learning Processes in Hong Kong, Singapore, and the United States [J]. Journal of Cross-Cultural Psychology, 2003, 34 (1): 72-91.

[116] Ireland G W, Lent R W. Career Exploration and Decision-Making Learning Experiences: A Test of the Career Self-Management Model [J]. Journal of Vocational Behavior, 2018 (106): 37-47.

[117] Jackson C J, Furnham A, Lawty-Jones M. Relationship between Indecisiveness and Neuroticism [J]. Personality and Individual Differences, 1999 (27): 789-800.

[118] Janssens M, Sels L, Van den Brande I. Multiple Types of Psychological Contracts: A Six-Cluster Solution [J]. Human Relations, 2003 (56): 1349-1378.

[119] Jansen K J, Kristof-Brown A. Toward a Multidimensional Theory of Person-Environment Fit [J]. Journal of Managerial Issues, 2006, 18 (2): 193-212.

[120] Johnston C S, Broonen J P, Stauffer S, et al. Validation of an Adapted

French Form of the Career Adapt-Abilities Scale in Four Francophone Countries [J]. Journal of Vocational Behavior, 2013 (83): 1-10.

[121] Karaevli A, Hall D T T. How Career Variety Promotes the Adaptability of Managers: A Theoretical Model [J]. Journal of Vocational Behavior, 2006, 69 (3): 359-373.

[122] Karimi S, Biemans H J A, Lans T, et al. Understanding the Role of Cultural Orientations in the Formation of Entrepreneurial Intentions in Iran [J]. Journal of Career Development, 2019 (1): 1-19.

[123] Kim S Y, Fouad N, Lee J. The Roles of Work and Family in Men's Lives: Testing the Social Cognitive Model of Career Self-Management [J]. Journal of Vocational Behavior, 2018 (106): 153-164.

[124] Kim J Y, Nam S H, The Concept and Dynamics of Face: Implications for Organizational Behavior in Asia [J]. Organization Science, 1998, 9 (4): 522-534.

[125] King L A, Mattimore L K, King D W, et al. Family Support Inventory for Workers: A New Measure of Perceived Social Support from Family Members [J]. Journal of Organizational Behavior, 1995, 16 (3): 235-258.

[126] Kinnunen U, Mäkikangas A, Mauno S, et al. Perceived Employability: Investigating Outcomes among Involuntary and Voluntary Temporary Employees Compared to Permanent Employees [J]. Career Development International, 2011, 16 (2): 140-160.

[127] Koen J, Klehe U C, Van Vianen A E M. Training Career Adaptability to Facilitate a Successful School-to-Work Transition [J]. Journal of Vocational Behavior, 2012 (81): 395-408.

[128] Kokkoris M D, Baumeister R F, Kühnen U. Freeing or Freezing Decisions? Belief in Free Will and Indecisiveness [J]. Organizational Behavior and Human Decision Processes, 2019 (154): 49-61.

[129] Kostova T. Country Institutional Profiles, Concept and Measurement [C]. Academy of Management Best Paper Proceedings, 1997: 180-189.

[130] Kristof A L. Person-Organization Fit: An Integrative Review of Its Conceptualizations, Measurement, and Implications [J]. Personnel Psychology, 1996 (49): 1-49.

[131] Kristof-Brown A L, Barrick M R, Stevens C K. When Opposites

Attract: A Multi-Sample Demonstration of Complementary Person-Team Fit on Extra-version [J]. Journal of Personality, 2005, 73 (4): 935-958.

[132] Krueger N F. The Impact of Prior Entrepreneurial Exposure on Perceptions of New Venture Feasibility and Desirability [J]. Entrepreneurship Theory and Practice, 1993, 18 (1): 5-21.

[133] Krueger N, Reilly M D, Carsrud A L. Competing models of entrepreneurial intentions [J]. Journal of Business Venturing, 2000, 15 (5-6): 411-432.

[134] Kuckertz A, Wagner M. The Influence of Sustainability Orientation on Entrepreneurial Intentions—Investigating the Role of Business Experience [J]. Journal of Business Venturing, 2010, 25 (5): 524-539.

[135] Laguna M, Self-Efficacy, Self-Esteem, and Entrepreneurship among the Unemployed [J]. Journal of Applied Social Psychology, 2013 (43): 253-262.

[136] Lee S H, Wong P K. An Exploratory Study of Technopreneurial Intentions: A Career Anchor Perspective [J]. Journal of Business Venturing, 2004 (19): 7-28.

[137] Lent R W. Toward a Unifying Theoretical and Practical Perspective on Well-Being and Psychosocial Adjustment [J]. Journal of Counseling Psychology, 2004, 51 (4): 482-509.

[138] Lent R W, Brown S D, Schmidt J, et al. Relation of Contextual Supports and Barriers to Choice Behavior in Engineering Majors: Test of Alternative Social Cognitive Models [J]. Journal of Counseling Psychology, 2003 (50): 458-465.

[139] Lent R W, Brown S D. Social Cognitive Model of Career Self-Management: Toward a Unifying View of Adaptive Career Behavior across the Life Span [J]. Journal of Counseling Psychology, 2013 (60): 557-568.

[140] Lent R W, Brown S D, Hackett G. Toward a Unifying Social Cognitive Theory of Career and Academic Interest, Choice, and Performance [J]. Journal of Vocational Behavior, 1994 (45): 79-122.

[141] Lent R W, Ezeofor I, Morrison M A, et al. Applying the Social Cognitive Model of Career Self-Management to Career Exploration and Decision-Making [J]. Journal of Vocational Behavior, 2016 (93): 47-57.

[142] Lent R W, Ireland G W, Penn L T, et al. Sources of Self-Efficacy and Outcome Expectations for Career Exploration and Decision-Making: A Test of the So-

cial Cognitive Model of Career Self-Management [J]. Journal of Vocational Behavior, 2017 (99): 107-117.

[143] Lent R W, Lopez Jr. A M, Lopez F G, et al. Social Cognitive Career Theory and the Prediction of Interests and Choice Goals in the Computing Disciplines [J]. Journal of Vocational Behavior, 2008 (73): 52-62.

[144] Leung T K P, Chan R Y-K. Face, Favor and Positioning—A Chinese Power Game [J]. European Journal of Marketing, 2003 (37): 1575-1598.

[145] Leung Y K, Franken I H A, Thurik A R. Psychiatric Symptoms and Entrepreneurial Intention: The Role of the Behavioral Aactivation System [J]. Journal of Business Venturing Insights, 2020 (13): e00153.

[146] Liguori E W, Bendickson J S, McDowell W C. Revisiting Entrepreneurial Intentions: A Social Cognitive Career Theory Approach [J]. International Entrepreneurship and Management Journal, 2018, 14 (1): 67-78.

[147] Liguori E, Winkler C, Vanevenhoven J, Winkel D, & James M. Entrepreneurship as a Career Choice: Intentions, Attitudes, and Outcome Expectations [J]. Journal of Small Business and Entrepreneurship, 2020, 32 (4): 311-331.

[148] Li H, Ngo H, Cheung F. Linking Protean Career Orientation and Career Decidedness: The Mediating Role of Career Decision Self-Efficacy [J]. Journal of Vocational Behavior, 2019 (115): 1-11.

[149] Lim D S K, Morse E A, Mitchell R K, et al. Institutional Environment and Entrepreneurial Cognitions: A Comparative Business Systems Perspective. Entrepreneurship Theory and Practice, 2010, 34 (3): 491-516.

[150] Lim R H, Lent R W, Penn L T. Prediction of Job Search Intentions and Behaviors: Testing the Social Cognitive Model of Career Self-Management [J]. Journal of Counseling Psychology, 2016, 63 (5): 594-603.

[151] Liñán F, Chen Y-W. Development and Cross-Cultural Application of a Specific Instrument to Measure Entrepreneurial Intentions [J]. Entrepreneurship Theory and Practice, 2009, 33 (3): 593-617.

[152] Liñán F, Fayolle A. A Systematic Literature Review on Entrepreneurial Intentions: Citation, Thematic Analyses, and Research Agenda [J]. International Entrepreneurship and Management Journal, 2015, 11 (4): 907-933.

[153] Lin S, Si S. Factors Affecting Peasant Entrepreneurs' Intention in the Chi-

nese Context [J]. International Entrepreneurship and Management Journal, 2014, 10 (4): 803-825.

[154] Li Y. , Guan Y, Wang F, et al. Big-five Personality and BIS/BAS Traits as Predictors of Career Exploration: The Mediation Role of Career Adaptability [J]. Journal of Vocational Behavior, 2015 (89): 39-45.

[155] Lo Cascio V, Guzzo G, Pace F, et al. The Relationship among Paternal and Maternal Psychological Control, Self-Esteem, and Indecisiveness across Adolescent Genders [J]. Current Psychology, 2016, 35 (3): 467-477.

[156] London M. Relationship Between Career Motivation, Empowerment and Support for Career Development [J]. Journal of Occupational and Organizational Psychology, 1993 (66): 55-69.

[157] Lucas W A, Cooper S Y. Measuring Entrepreneurial Self-efficacy [C]. SMU EDGE Conference, Singapore, 2005.

[158] Lucas W A, Cooper S Y, Ward T, et al. Industry Placement, Authentic Experience and the Development of Venturing and Technology Self-Efficacy [J]. Technovation, 2009 (29): 738-752.

[159] Lüthje C, Franke N. The "Making" of an Entrepreneur: Testing a Model of Entrepreneurial Intent among Engineering Students at MIT [J]. R&D Management, 2003, 33 (2): 135-147.

[160] Maggiori C, Johnston C S, Krings F, et al. The Role of Career Adaptability and Work Conditions on General and Professional Well-Being [J]. Journal of Vocational Behavior, 2013, 83 (3): 437-449.

[161] Maggiori C, Rossier J, Savickas M L. Career Adapt-Abilities Scale-Short Form (CAAS-SF): Construction and Validation [J]. Journal of Career Assessment, 2017, 25 (2): 312-325.

[162] Manolova T S, Eunni R V, Gyoshev B S. Institutional Environments for Entrepreneurship, Evidence from Emerging Economies in Eastern Europe [J]. Entrepreneurship Theory and Practice, 2008 (32): 203-218.

[163] Markman G D, Baron R A. Person-Entrepreneurship Fit: Why Some People are More Successful as Entrepreneurs than Others [J]. Human Resource Management Review, 2003, 13 (2): 281-301.

[164] Markussen T, Fibk M, Tarp F, et al. The Happy Farmer: Self-Employ-

ment and Subjective Well-Being in Rural Vietnam [J]. Journal of Happiness Studies, 2017, 19 (6): 1613-1636.

[165] McGee J E, Peterson M, Mueller S L, et al. Entrepreneurial Self-Efficacy: Refining the Measure [J]. Entrepreneurship Theory and Practice, 2009, 33 (4): 965-988.

[166] Merino-Tejedora E, Hontangasb P M, Boada-Grauc J. Career Adaptability and Its Relation to Self-Regulation, Career Construction, and Academic Engagement among Spanish University Students [J]. Journal of Vocational Behavior, 2016 (9): 92-102.

[167] Mueller S. Increasing Entrepreneurial Intention: Effective Entrepreneurship Course Characteristics [J]. International Journal of Entrepreneurship and Small Business, 2011, 13 (1): 55-74.

[168] Murnieks C Y, Klotz A C, Shepherd, D A. Entrepreneurial Motivation:A Review of the Literature and an Agenda for Future Research [J]. Journal of Organizational Behavior, 2020 (41): 115-143.

[169] Mwangi R M, Rotich A. The Effect of Threat of Job Loss on Entrepreneurial Intentions and Gestation Actions [J]. Journal of Small Business Management, 2019, 57 (Suppl 2): 598-615.

[170] Negru-Subtirica O, Pop E I, Crocetti E. Developmental Trajectories and Reciprocal Associations between Career Adaptability and Vocational Identity: A Three-Wave Longitudinal Study with Adolescents [J]. Journal of Vocational Behavior, 2015 (88): 131-142.

[171] Neureiter M, Traut-Mattausch E. Two Sides of the Career Resources Coin: Career Adaptability Resources and the Impostor Phenomenon [J]. Journal of Vocational Behavior, 2017 (98): 56-69.

[172] Newman A, Obschonka M, Schwarz S, et al. Entrepreneurial Self-Efficacy: A Systematic Review of the Literature on Its Antecedents and Outcomes, and an Agenda for Future Research [J]. Journal of Vocational Behavior, 2019, 110 (Part B): 403-419.

[173] Ngo H-y, Liu H, Cheung F. Perceived Employability of Hong Kong Employees: Its Antecedents, Moderator and Outcomes [J]. Personnel Review, 2017, 46 (1): 17-35.

[174] Nowiński W, Haddoud M Y. The Role of Inspiring Role Models in Enhancing Entrepreneurial Intention [J]. Journal of Business Research, 2019 (96): 183-193.

[175] Obschonka M, Hahn E, Bajwa N U H. Personal Agency in Newly Arrived Refugees: The Role of Personality, Entrepreneurial Cognitions and Intentions, and Career Adaptability [J]. Journal of Vocational Behavior, 2018 (105): 173-184.

[176] Obschonka M, Hakkarainen K, Lonka K, et al. Entrepreneurship as a Twenty-First Century Skill: Entrepreneurial Alertness and Intention in the Transition to Adulthood [J]. Small Business Economics, 2017, 48 (3): 487-501.

[177] Obschonka M, Stuetzer, M. Integrating Psychological Approaches to Entrepreneurship: the Entrepreneurial Personality System (EPS) [J]. Small Business Economics, 2017, 49 (1): 203-231.

[178] Osipow S H. Assessing Career Indecision [J]. Journal of Vocational Behavior, 1999 (55): 147-154.

[179] Öztemel K. An Investigation of Career Indecision Level of High School Students: Relationships with Personal Indecisiveness and Anxiety [J]. Journal of Counseling & Education, 2013, 2 (3): 46-58.

[180] Pajic S, Ulceluse M, Kismihók G, et al. Antecedents of Job Search Self-Efficacy of Syrian Refugees in Greece and the Netherlands [J]. Journal of Vocational Behavior, 2018 (105): 159-172.

[181] Pan J, Guan Y, Wu J, et al. The Interplay of Proactive Personality and Internship Quality in Chinese University Graduates' Job Search Success: The Role of Career Adaptability [J]. Journal of Vocational Behavior, 2018 (109): 14-26.

[182] Parsons F. Choosing a Vocation [M]. Houghton Mifflin Company, New York, NY, 1909.

[183] Patalano A L, Wengrovitz S M. Cross-Cultural Exploration of the Indecisiveness Scale: A Comparison of Chinese and American Men and Women [J]. Personality and Individual Differences, 2006, 41 (5): 813-824.

[184] Patalano A L, Wengrovitz S M. Indecisiveness and Response to Risk in Deciding When to Decide [J]. Journal of Behavioral Decision Making, 2007, 20 (4): 405-424.

[185] Peng M W, Wang D Y L. Jiang Y. An Institution-Based View of Interna-

tional Business Strategy: A Focus on Emerging Economies [J]. Journal of International Business Studies, 2008, 39 (5): 920-936.

[186] Perera H N, McIlveen P. The Role of Optimism and Engagement Coping in College Adaptation: A Career Construction Model [J]. Journal of Vocational Behavior, 2014 (84): 395-404.

[187] Pérez-López M C, González-López M J, Rodríguez-Ariza L. Applying the Social Cognitive Model of Career Self-Management to the Entrepreneurial Career Decision: The Role of Exploratory and Coping Adaptive Behaviors [J]. Journal of Vocational Behavior, 2019 (112): 255-269.

[188] Pfeifer S, Šarlija N, Sušac M Z. Shaping the Entrepreneurial Mindset: Entrepreneurial Intentions of Business Students in Croatia [J]. Journal of Small Business Management, 2016, 54 (1): 102-117.

[189] Podsakoff P M, MacKenzie S B, Lee J Y, et al. Common Method Biases in Behavioral Research: A Critical Review of the Literature and Recommended Remedies [J]. Journal of Applied Psychology, 2003 (88): 879-903.

[190] Preacher K J, Rucker D D, Hayes A F. Addressing Moderated Mediation Hypotheses: Theory, Methods, and Prescriptions [J]. Multivariate Behavioral Research, 2007 (42): 185-227.

[191] Presbitero A, Quita C. Expatriate Career Intentions: Links to Career Adaptability and Cultural Intelligence [J]. Journal of Vocational Behavior, 2017 (98): 118-126.

[192] Ramos-Rodríguez A R, Medina-Garrido J A, Ruiz-Navarro J. Why Not Now? Intended Timing in Entrepreneurial Intentions [J]. International Entrepreneurship and Management Journal, 2019, 15 (4): 1221-1246.

[193] Raque-Bogdan T L, Klingaman E A, Martin H M, et al. Career-Related Parent Support and Career Barriers: An Investigation of Contextual Variables [J]. Career Development Quarterly, 2013, 61 (4): 339-353.

[194] Rassin E. A Psychological Theory of Indecisiveness [J]. Netherlands Journal of Psychology, 2007, 63 (1): 2-13.

[195] Rassin E, Muris P. To Be or not to Be··· Indecisive: Gender Differences, Correlations with Obsessive–Compulsive Complaints, and Behavioural Manifestation [J]. Personality and Individual Differences, 2005a, 38 (5): 1175-1181.

[196] Rassin E, Muris P. Indecisiveness and the Interpretation of Ambiguous Situations [J]. Personality and Individual Differences, 2005b, 39 (7): 1285-1291.

[197] Rassin E, Muris P, Franken I, et al. Measuring General Indecisiveness [J]. Journal of Psychopathology and Behavioral Assessment, 2007, 29 (1): 60-67.

[198] Roche M K, Daskalova P, Brown S D. Anticipated Multiple Role Management in Emerging Adults: A Test of the Social Cognitive Career Self-Management Mode [J]. Journal of Career Assessment, 2016 (1): 1-14.

[199] Rosenberg M. Society and Adolescent Self-Image [M]. Revised edition. Middletown: Wesleyan University Press, 1989.

[200] Rothwell A, Arnold J. Self-Perceived Employability: Development and Validation of a Scale [J]. Personnel Review, 2007, 36 (1): 23-41.

[201] Rothwell A, Jewell S, Hardie M. Self-Perceived Employability: Investigating the Responses of Post-Graduate Students [J]. Journal of Vocational Behavior, 2009, 75 (2): 152-161.

[202] Rottinghaus P J, Day S X, Borgen F H. The Career Futures Inventory: A Measure of Career-Related Adaptability and Optimism [J]. Journal of Career Assessment, 2005 (13): 3-24.

[203] Roy R, Akhtar F, Das N. Entrepreneurial Intention among Science and Technology Students in India: Extending the Theory of Planned Behavior [J]. International Entrepreneurship and Management Journal, 2017, 13 (4): 1013-1041.

[204] Russo M, Shteigman A, Carmeli A. Workplace and Family Support and Work-Life Balance: Implications for Individual Psychological Availability and Energy at Work [J]. The Journal of Positive Psychology, 2016, 11 (2): 173-188.

[205] Saeed S, Yousafzai S Y, Yani-De-Soriano M, et al. The Role of Perceived University Support in the Formation of Students' Entrepreneurial Intention [J]. Journal of Small Business Management, 2015, 53 (4): 1127-1145.

[206] Salomone P R. Difficult Cases in Career Counseling: 11-The Indecisive Client [J]. Personnel and Guidance Journal, 1982 (60): 496-500.

[207] Santos P J, Ferreira J A, Gonçalves C M. Indecisiveness and Career Indecision: A Test of a Theoretical Model [J]. Journal of Vocational Behavior, 2014, 85 (1): 106-114.

[208] Santos, S. C. and Liguori, E. W. Entrepreneurial Self-Efficacy and Inten-

tions: Outcome Expectations as Mediator and Subjective Norms as Moderator [J]. International Journal of Entrepreneurial Behavior & Research, 2019, 26 (3): 400-415.

[209] Sautua S I. Does Uncertainty Cause Inertia in Decision Making? An Experimental Study of the Role of Regret Aaversion and Indecisiveness [J]. Journal of Economic Behavior and Organization, 2017 (136): 1-14.

[210] Savickas M L. Career Adaptability: An Integrative Construct for Life-Span, Life-Space Theory [J]. Career Development Quarterly, 1997 (45): 247-259.

[211] Savickas M L. Career Construction: A Developmental Theory of Vocational Behavior [M] //D. Brown (Ed.). Career Choice and Development (4th Ed.). San Francisco, CA: Jossey-Bass, 2002: 255-311.

[212] Savickas M. Vocational Psychology [M] //C. Spielberger (Ed.). Encyclopedia of Applied Psychology. Amsterdam, Netherlands: Elsevier, 2004: 655-667.

[213] Savickas M L. Life-Design International Research Group: Career Adaptability Project Meeting [R]. Meeting Report, Berlin July 19, Humboldt Universita"t, Berlin, Germany, 2009.

[214] Savickas M L, Porfeli E P. Career Adapt-Abilities Scale: Construction, Reliability, and Measurement Equivalence across 13 Countries [J]. Journal of Vocational Behavior, 2012 (80): 661-673.

[215] Schmutzler J, Andonova V, Diaz-Serrano L. How Context Shapes Entrepreneurial Self-Efficacy as a Driver of Entrepreneurial Intentions: A Multilevel Approach [J]. Entrepreneurship Theory and Practice, 2019, 43 (5): 880-920.

[216] Scott W R. Institutions and Organizations: Ideas and Interest [M]. Los Angeles, SAGE Publications, 2008.

[217] Shabeer S, Mohammed S J, Jawahar I M J, et al. The Mediating Influence of Fit Perceptions in the Relationship Between Career Adaptability and Job Content and Hierarchical Plateaus [J]. Journal of Career Development, 2019, 46 (3): 332-345.

[218] Shane S, Locke E A, Collins C J. Entrepreneurial Motivation [J]. Human Resource Management Review, 2003 (13): 257-279.

[219] Shapero A. The Entrepreneurial Event [M] //C. A. Kent (Ed.). The

Environment for Entrepreneurship. Lexington: Lexington Books, 1984.

[220] Shen T, Osorio A E, Settles A et al. Does Family Support Matter? The Influence of Support Factors on Entrepreneurial Attitudes and Intentions of College Students [J]. Academy of Entrepreneurship Journal, 2017, 23 (1): 24-43.

[221] Shinnar R S, Dan K H, Powell B C. Self-Efficacy, Entrepreneurial Intentions, and Gender: Assessing the Impact of Entrepreneurship Education Longitudinally [J]. The International Journal of Management Education, 2014 (12): 561-570.

[222] Shinnar R S, Hsu D K, Powell B C, et al. Entrepreneurial Intentions and Start-Ups: Are Women or Men more Likely to Enact their Intentions? [J]. International Small Business Journal: Researching Entrepreneurship, 2018, 36 (1): 60-80.

[223] Shin Y-J, Lee J-Y. Attachment, Career-Choice Pessimism, and Intrinsic Motivation as Predictors of College Students' Career Adaptability [J]. Journal of Career Development, 2017, 44 (4): 311-326.

[224] Shin Y-J, Lee J-Y. Self-Focused Attention and Career Anxiety: The Mediating Role of Career Adaptability [J]. The Career Development Quarterly, 2019, 67 (2): 110-125.

[225] Shiri N, Shinnar R S, MirakzadehA A, Zarafshani K. Cultural Values and Entrepreneurial Intentions among Agriculture Students in Iran [J]. International Entrepreneurship and Management Journal, 2017, 13 (4): 1157-1179.

[226] Shu C, De Clercq D, Zhou Y, et al. Government Institutional Support, Entrepreneurial Orientation, Strategic Renewal, and Firm Performance in Transitional China [J]. International Journal of Entrepreneurial Behavior & Research, 2019, 25 (3): 433-456.

[227] Sieger P, Minola T. The Family's Financial Support as a "Poisoned Gift": A Family Embeddedness Perspective on Entrepreneurial Intentions [J]. Journal of Small Business Management, 2017, 55 (Suppl 1): 179-204.

[228] Singh G, DeNoble A. Views on Self-Employment and Personality: An Exploratory Study [J]. Journal of Developmental Entrepreneurship, 2003, 8 (3): 265-281.

[229] Snell L, Sok P, Danaher T. Achieving Growth-Quality of Work Life Ambidexterity in Small Firms [J]. Journal of Service Theory and Practice, 2015, 25 (5): 529-550.

［230］Spunt R P, Rassin E, Epstein L M. Aversive and Avoidant Indecisiveness: Roles for Regret Proneness, Maximization, and BIS/BAS Sensitivities ［J］. Personality and Individual Differences, 2009, 47 (4): 256-261.

［231］Spurk D, Kauffeld S, Meinecke A L, et al. Why Do Adaptable People Feel Less Insecure? Indirect Effects of Career Adaptability on Job and Career Insecurity via Two Types of Perceived Marketability ［J］. Journal of Career Assessment, 2016, 24 (2): 289-306.

［232］Stauffer S D, Abessolo M, Zecca G, et al. French-Language Translation and Validation of the Protean and Boundaryless Career Attitudes Scales: Relationships to Proactive Personality, Career Adaptability, and Career Satisfaction ［J］. Journal of Career Assessment, 2019, 27 (2): 337-357.

［233］Stenholm P, Acs Z J, Wuebker R. Exploring Country-Level Institutional Arrangements on the Rate and Type of Entrepreneurial Activity ［J］. Journal of Business Venturing, 2013, 28 (1): 176-193.

［234］Taber B J, Blankemeyer M. Future Work Self and Career Adaptability in the Prediction of Proactive Career Behaviors ［J］. Journal of Vocational Behavior, 2015 (86): 20-27.

［235］Taillefer S E, Liu J J W, Ornstein T J, et al. Indecisiveness as a Predictor of Quality of Life in Individuals with Obsessive and Compulsive Traits ［J］. Journal of Obsessive-Compulsive and Related Disorders, 2016 (10): 91-98.

［236］Thompson E R. Individual Entrepreneurial Intent: Construct Clarification and Development of an Internationally Reliable Metric ［J］. Entrepreneurship: Theory and Practice, 2009, 33 (3): 669-694.

［237］Ting-Toomey S, Kurogi A. Facework Competence in Intercultural Conflict: An Updated Face-Negotiation Theory ［J］. International Journal of Intercultural Relation, 1998 (22): 187-225.

［238］Tolentino L R, Sedoglavich V, Lu V, et al. The Role of Career Adaptability in Predicting Entrepreneurial Intentions: A Moderated Mediation Model ［J］. Journal of Vocational Behavior, 2014 (85): 403-412.

［239］Tonsing K, Zimet G D, Tse S. Assessing Social Support among South Asians: The Multidimensional Scale of Perceived Social Support ［J］. Asian Journal of Psychiatry, 2012, 5 (2): 164-168.

[240] Tsai K-H, Chang H-C, Peng C-Y. Refining the Linkage between Perceived Capability and Entrepreneurial Intention: Roles of Perceived Opportunity, Fear of Failure, and Gender [J]. International Entrepreneurship Management Journal, 2016, 12 (4): 1127-1145.

[241] Turner S L, Alliman-Brissett A. , Lapan R T, et al. The Career-Related Parent Support Scale [J]. Measurement and Evaluation in Counseling and Development, 2003 (56): 44-55.

[242] United Nations. World Urbanization Prospects: The 2018 Revision (ST/ESA/SER. A/420) [R]. New York: United Nations, 2019.

[243] Urbanaviciute I, Udayar S, Rossier J. Career Adaptability and Employee Well-Being over a Two-Year Period: Investigating Cross-Lagged Effects and Their Boundary Conditions [J]. Journal of Vocational Behavior, 2019 (111): 74-90.

[244] Urbano D, Alvarez C. Institutional Dimensions and Entrepreneurial Activity: An International Study [J]. Small Business Economics, 2014, 42 (4): 703-716.

[245] Uy M A, Chan K-Y, Sam Y L, et al. Proactivity, Adaptability and Boundaryless Career Attitudes: The Mediating Role of Entrepreneurial Alertness [J]. Journal of Vocational Behavior, 2014 (86): 115-123.

[246] Van Gelderen M, Brand M, Van Praag M, et al. Explaining Entrepreneurial Intentions by Means of the Theory of Planned Behavior [J]. Career Development International, 2015, 13 (6): 538-559.

[247] Verbruggen M, Sels L. Can Career Self-Directedness Be Improved Through Counseling [J]. Journal of Vocational Behavior, 2008 (73): 318-327.

[248] Vilanova L, Vitanova I. Unwrapping Opportunity Confidence: How do Different Types of Feasibility Beliefs Affect Venture Emergence [J]. Small Business Economics, 2019 (1): 1-20.

[249] Wang J-H, Chang C-C, Yao S-N, et al. The Contribution of Self-Efficacy to the Relationship between Personality Traits and Entrepreneurial Intention [J]. Higher Education, 2016, 72 (2): 209-224.

[250] Weiss J, Anisimova T, Shirokova G. The Translation of Entrepreneurial Intention Into Start-Up Behaviour: The Moderating Role of Regional Social Capital [J]. International Small Business Journal, 2019, 37 (5): 473-501.

[251] White J B, Tynan R, Galinsky A D, et al. Face Threat Sensitivity in Negotiation: Roadblock to Agreement and Joint Gain [J]. Organizational Behavior and Human Decision Processes, 2004, 94 (July): 102-124.

[252] Wilson F, Kickul J, Marlino D. Gender, Entrepreneurial Self-Efficacy, and Entrepreneurial Career Intentions: Implications for Entrepreneurship Education [J]. Entrepreneurship Theory and Practice, 2007 (5): 1042-2587.

[253] Wittekind A, Raeder S, Grote G. A Longitudinal Study of Determinants of Perceived Employability [J]. Journal of Organizational Behavior, 2010 (31): 566-586.

[254] Xu X, Yu K. When Core Self-Evaluation Leads to Career Adaptability: Effects of Ethical Leadership and Implications for Citizenship Behavior [J], The Journal of Psychology, 2019, 153 (5): 463-477.

[255] Yang Z, Su C. Institutional Theory in Business Marketing: A Conceptual Framework and Future Directions [J]. Industrial Marketing Management, 43 (5): 721-725.

[256] Yu J, Zhou J X, Wang Y, et al. Rural Entrepreneurship in an Emerging Economy, Reading Institutional Perspectives from Entrepreneur Stories [J]. Journal of Small Business Management, 2013, 51 (2): 183-195.

[257] Zacher H. Career Adaptability Predicts Subjective Career Success Above and Beyond Personality Traits and Core Self-Evaluations [J]. Journal of Vocational Behavior, 2014, 84 (1): 21-30.

[258] Zacher H, Ambiel R, Noronha A P P. Career Adaptability and Career Entrenchment [J]. Journal of Vocational Behavior, 2015 (88): 164-173.

[259] Zapkau F B, Schwens C, Steinmetz H, et al. Disentangling the Effect of Prior Entrepreneurial Exposure on Entrepreneurial Intention [J]. Journal of Business Research, 2015, 68 (3): 639-653.

[260] Zhang X A, Cao Q, Grigoriou N. Consciousness of Social Face: The Development and Validation of a Scale Measuring Desire to Gain Face Versus Fear of Losing Face [J]. The Journal of Social Psychology, 2011a, 151 (2): 129-149.

[261] Zhang X, Tian P, Grigoriou N. Gain Face, but Lose Happiness? It Depends on How Much Money You Have [J]. Asian Journal of Social Psychology, 2011b, 14 (2): 112-125.

［262］Zhao H, Seibert S E. The Mediating Role of Self-Efficacy in the Development of Entrepreneurial Intentions ［J］. Journal of Applied Psychology, 2005 (90)：1265-1272.

［263］Zhou J. Proactive Personality and Career Adaptability：The Role of Thriving at Work ［J］. Journal of Vocational Behavior, 2017 (98)：85-97.

［264］Zimet G D, Dahlem N W, Zimet S G, et al. The Multidimensional Scale of Perceived Social Support ［J］. Journal of Personality Assessment, 1988 (52)：30-41.

［265］宝贡敏, 赵卓嘉. 面子需要概念的维度划分与测量：一项探索性研究 ［J］. 浙江大学学报：人文社会科学版, 2009, 39 (2)：82-90.

［266］常涛, 刘智强, 王艳子. 绩效薪酬对员工创造力的影响研究：面子压力的中介作用 ［J］. 科学学与科学技术管理, 2014 (9)：171-180.

［267］陈昊, 李文立, 陈立荣. 组织控制与信息安全制度遵守：面子倾向的调节效应 ［J］. 管理科学, 2016, 29 (3)：1-12.

［268］程建青, 罗瑾琏, 杜运周, 等. 制度环境与心理认知何时激活创业？——一个基于 QCA 方法的研究 ［J］. 科学学与科学技术管理, 2019, 40 (2)：114-131.

［269］陈鋆, 谢义忠. 就业能力感知、社会网络特征对大学毕业生就业质量的影响 ［J］. 高教探索, 2014 (4)：140-149.

［270］成中英. 脸面观念及其儒学根源 ［M］//翟学伟. 中国社会心理学评论 (第二辑). 北京：社会科学文献出版社, 2006.

［271］陈之昭. 面子心理的理论分析与实际研究 ［M］.//翟学伟. 中国社会心理学评论 (第二辑). 北京：社会科学文献出版社, 2006.

［272］楚啸原, 理原, 王兴超, 等. 家庭社会经济地位与青少年自我效能感的关系：家庭支持的中介作用与性别因素的调节作用 ［J］. 心理科学, 2019, 42 (4)：891-897.

［273］丁道韧, 陈万明. 自我效能感对个体即兴作用机制研究——基于个体结果期望的中介作用及组织支持的调节作用 ［J］. 预测, 2017, 36 (1)：21-27.

［274］丁栋虹, 张翔. 风险倾向对个体创业意愿的影响研究 ［J］. 管理学报, 2016, 13 (2)：229-238.

［275］董静, 赵策. 家庭支持对农民创业动机的影响研究——兼论人缘关系的替代作用 ［J］. 中国人口科学, 2019 (1)：61-75, 127.

[276] 董振华. 基于城市融入的新生代农民工职业生涯适应力提升研究 [J]. 农业经济, 2013 (9): 72-74.

[277] 段锦云, 孙建群, 简丹丹, 等. 创业特征框架对创业意向的影响——创业认知的视角 [J]. 南开管理评论, 2016, 19 (5): 182-192.

[278] 杜伟宇, 许伟清. 中国情境下权力对炫耀性产品购买意愿的影响: 面子意识的中介效应 [J]. 南开管理评论, 2014, 17 (5): 83-90.

[279] 范巍, 王重鸣. 创业意向维度结构的验证性因素分析 [J]. 人类工效学, 2006, 12 (1): 14-16.

[280] 费小兰, 唐汉瑛, 马红宇. 工作—生活平衡理念下的家庭支持: 概念、维度及作用 [J]. 心理科学, 2017, 40 (3): 708-713.

[281] 葛宝山, 王侃. 个人特质与个人网络对创业意向的影响——基于网店创业者的调查 [J]. 管理学报, 2010 (12): 1819-1824, 1830.

[282] 关翩翩, 李敏. 生涯建构理论: 内涵、框架与应用 [J]. 心理科学进展, 2015 (12): 2177-2186.

[283] 关晓宇, 于海波. 员工生涯资本投资对组织的价值——生涯适应力对工作敬业和离职意向的影响 [J]. 科学学与科学技术管理, 2015, (11): 169-180.

[284] 谷晨, 王迎军, 崔连广, 等. 创业制度环境对创业决策的影响机制 [J]. 科学学研究, 2019, 37 (4): 711-720.

[285] 辜孟蕾, 舒珍, 舒成利. 企业知识过滤与员工离职创业行为: 制度环境的调节作用研究 [J]. 科学学与科学技术管理, 2019, 40 (7): 105-120.

[286] 郭金云, 江伟娜. 促进失地农民自主创业的对策研究——基于创业过程的一般模型分析 [J]. 农村经济, 2010, (2): 106-109.

[287] 郭韬, 任雪娇, 邵云飞. 制度环境对创业企业绩效的影响: 商业模式的视角 [J]. 预测, 2017, 36 (6): 16-22.

[288] 顾倩妮, 苏勇. 职业适应能力对管理者职业成功的影响——适应性绩效的中介效应 [J]. 当代财经, 2016 (10): 80-86.

[289] 何婧, 李庆海. 数字金融使用与农户创业行为 [J]. 中国农村经济, 2019 (1): 112-126.

[290] 侯水平, 范毅. 四川蓝皮书: 四川城镇化发展报告 (2019) [EB/OL]. (2019-07-25) [2019-12-15]. https://www.sohu.com/a/329254053_186085.

[291] 侯雨彤, 李淑敏. 大学生政治技能对创业倾向的影响——创业自我效能感的中介作用 [J]. 人力资源管理, 2018 (7): 443-445.

[292] 胡三嫚，钟华. 工作不安全感、自我感知可雇佣性与工作幸福感的关系 [J]. 中国临床心理学杂志，2015，23（2）：321-325.

[293] 黄胜，周劲波. 制度环境对国际创业绩效的影响研究 [J]. 科研管理，2013，34（11）：87-94.

[294] 黄胜，周劲波. 制度环境、国际市场进入模式与国际创业绩效 [J]. 科研管理，2014，35（2）：54-61.

[295] 蒋剑勇，郭红东. 创业氛围、社会网络和农民创业意向 [J]. 中国农村观察，2012（2）：20-27.

[296] 简丹丹，段锦云，朱月龙. 创业意向的构思测量、影响因素及理论模型 [J]. 心理科学进展，2010，18（1）：162-169.

[297] 金家飞，徐姗，王艳霞. 角色压力、工作家庭冲突和心理抑郁的中美比较——社会支持的调节作用 [J]. 心理学报，2014，46（8）：1144-1160.

[298] 金耀基. "面"、"耻"与中国人行为之分析 [M]//杨国枢主编. 中国人的心理. 台北：桂冠图书公司，1988.

[299] 吉云，白延虎. 创新能力、不确定性容忍度与创业倾向 [J]. 科研管理，2018，39（A1）：226-235.

[300] 雷霁. 面子观、反馈寻求行为及员工创造力的研究：以心理安全感为调节变量 [D]. 上海交通大学，2016.

[301] 雷霁，唐宁玉. 面子观、自我效能与寻求帮助行为的关系研究 [J]. 中国人力资源开发，2015（13）：13-20.

[302] 李爱国，曾宪军. 成长经历和社会支撑如何影响大学生的创业动机——基于创业自我效能感的整合作用 [J]. 外国经济与管理，2018，40（4）：30-42.

[303] 梁明辉，易凌峰. 大学生生涯适应力与创业效能感和创业意向的关系 [J]. 心理与行为研究，2017，15（3）：366-371.

[304] 梁祺，王影. 生涯适应力、创业激情和创业意愿关系研究 [J]. 科学学与科学技术管理，2016（1）：162-170.

[305] 廖海萍，燕晓彬，张华. 政治技能与自我效能感对职业适应能力的影响——自尊的中介作用 [J]. 心理科学，2019（1）：144-149.

[306] 李峰，龙海军. 贫困地区新创企业创业拼凑是如何生成的——价值链约束、创业制度环境对贫困地区新创企业创业拼凑的影响 [J]. 科学学与科学技术管理，2019，40（3）：70-82.

[307] 林嵩, 刘青, 李培馨. 拆迁事件会提升农民的创业倾向吗? 基于 289 个样本的实证研究 [J]. 管理评论, 2016, 28 (12): 63-74.

[308] 刘长江, 郝芳, 李纾. 生涯决策困难问卷在大学生中的试用报告 [J]. 中国心理卫生杂志, 2006, 20 (11): 705-708.

[309] 刘凤, 余靖, 明翠琴. 灾害情境下韧性与创业意愿的实证研究——基于汶川地震十周年调查 [J]. 科学学研究, 2020 (8): 1428-1435, 1480.

[310] 刘新智, 刘雨松. 外出务工经历对农户创业行为决策的影响——基于 518 份农户创业调查的实证分析 [J]. 农业技术经济, 2015 (6): 4-14.

[311] 李云, 李锡元, 李太. 生涯适应力对员工创新绩效的影响——状态乐观与不确定性接受的中介效应 [J]. 科技进步与对策, 2017 (23): 155-160.

[312] 李召敏, 赵曙明. 面子视角下组织期望贡献与员工创造力关系研究 [J]. 管理学报, 2018, 15 (12): 1799-1809.

[313] 马蓓, 胡蓓, 侯宇. 资质过高感对员工创造力的 U 型影响——能力面子压力的中介作用 [J]. 南开管理评论, 2018 (5): 150-161.

[314] 马灿, 周文斌, 赵素芳. 家庭支持对员工创新的影响——工作投入的中介和生涯规划清晰的调节作用 [J]. 软科学, 2020, 34 (1): 103-109.

[315] 马占杰. 国外创业意向研究前沿探析 [J]. 外国经济与管理, 2010 (4): 9-15, 24.

[316] 倪嘉成, 李华晶. 制度环境对科技人员创业认知与创业行为的影响 [J]. 科学学研究, 2017, 35 (4): 585-624.

[317] 彭克强, 刘锡良. 农民增收、正规信贷可得性与非农创业 [J]. 管理世界, 2016 (7): 88-97.

[318] 戚迪明, 张广胜, 杨肖丽, 等. 农民创业意愿的影响因素分析——基于沈阳市 119 户农民的微观数据 [J]. 农业经济, 2012 (1): 72-74.

[319] 申传刚, 杨璟, 李海燕. 个体创造力对创业意向的影响: 以新生代员工为例 [J]. 科技进步与对策, 2018, 35 (18): 145-151.

[320] 史达. 关系、面子与创业行为: 社会资本视角的研究 [J]. 财经问题研究, 2011 (3): 34-40.

[321] 舒晓丽, 叶茂林. 生涯适应力和员工离职意向的关系: 职业生涯成功的作用 [J]. 心理科学, 2019 (1): 95-101.

[322] 宋子斌, 陈朝阳. 从社会认知职业理论视角探讨职业结果预期对职业兴趣的影响 [J]. 海南大学学报 (人文社会科学版), 2007, 25 (6): 708-712.

［323］苏岚岚，孔荣．金融素养、创业培训与农民创业决策［J］．华南农业大学学报（社会科学版），2019，18（3）：53-66.

［324］孙红霞，郭霜飞，陈浩义．创业自我效能感、创业资源与农民创业动机［J］．科学学研究，2013，31（12）：1879-1888.

［325］谭新雨．创业制度环境何以激发科技人才创业意愿？——基于 AMO 理论视角［J］．科学学研究，2024（4）：817-827.

［326］田慧荣，张剑，陈春晓．领导反馈环境对员工离职倾向的影响：以职业适应能力为中介［J］．中国人力资源开发，2017（4）：32-38.

［327］王兵，杨宝，冯子珈．同群效应：同辈群体影响大学生创业意愿吗［J］．科学学研究，2017（4）：593-599.

［328］王国保．面子意识与知识共享、员工创造力关系的实证研究——以组织沟通氛围为调节变量［J］．科技管理研究，2014（17）：96-101.

［329］王佳伟，廖文梅，邝霞．数字经济参与对高素质农民创业的影响及机制——基于江西省高职扩招高素质农民专项调查数据的实证［J］．中国农业大学学报，2024（4）：67-80.

［330］王玲玲，赵文红，魏泽龙．创业制度环境、网络关系强度对新企业组织合法性的影响研究［J］．管理学报，2017，14（9）：1324-1331.

［331］王甜．创业自我效能感、创业结果期待与创业意向的关系研究［D］．安徽财经大学，2017.

［332］王艳子，罗瑾琏，李倩．中国"面子"文化情境下领导政治技能对团队领导社会网络的作用机制研究［J］．预测，2016（3）：8-12，80.

［333］吴建祖，李英博．感知的创业环境对中层管理者内部创业行为的影响研究［J］．管理学报，2015，12（1）：111-117.

［334］谢义忠，陈静，朱林．就业能力的概念、结构和实证研究成果［J］．心理科学进展，2013，21（3）：517-529.

［335］熊红星，郑雪．生涯决策中的优柔寡断［J］．心理科学进展，2011，19（9）：1214-1223.

［336］徐菊，陈德棉．创业教育对创业意向的作用机理研究［J］．科研管理，2019（12）：225-233.

［337］徐速．儿童学业情绪的领域特殊性研究［J］．心理科学，2011，34（4）：856-862.

［338］杨奕然，刘新民．农民创业意愿的影响因素及提升策略［J］．湖北农

业科学，2024，63（3）：222-230.

[339] 闫文昊，于广涛，林琳．生涯适应力对主观职业成功的影响——工作形塑的中介和组织支持感的调节［J］．经济管理，2018（8）：105-119.

[340] 叶宝娟，李露，夏扉，等．农村幼儿教师的组织公平感与其职业倦怠的关系：心理授权的中介作用与家庭支持的调节作用［J］．心理科学，2020，43（1）：125-131.

[341] 易朝辉，段海霞，任胜钢．创业自我效能感、创业导向与科技型小微企业绩效［J］．科研管理，2018，39（8）：99-109.

[342] 于春玲，朱晓冬，王霞，等．面子意识与绿色产品购买意向——使用情境和价格相对水平的调节作用［J］．管理评论，2019，31（11）：139-146.

[343] 于海波，侯悦，何雪梅．主动性人格与职业成功关系研究——领导—成员交换关系中生涯适应力的作用［J］．软科学，2016（7）：78-80，85.

[344] 于海波，李旭琬．免费师范生职业生涯适应力对其学习和求职的影响：职业认同的调节作用［J］．中国特殊教育，2015（8）：75-80.

[345] 于海波，郑晓明．生涯适应力的作用：个体与组织层的跨层面分析［J］．心理学报，2013（6）：680-693.

[346] 于晓宇．网络能力、技术能力、制度环境与国际创业绩效［J］．管理科学，2013，26（2）：13-27.

[347] 曾垂凯．自我感知的可雇用性量表适用性检验［J］．中国临床心理学杂志，2011，19（1）：42-45.

[348] 翟浩淼，陈宗霞，张卫国．科技创业农户初始创业资本对创业意愿的影响研究——来自川渝381个样本农户的调查［J］．科研管理，2016（9）：98-104.

[349] 张敏．时间压力下项目创新行为实验研究——基于面子的调节作用［J］．科学学研究，2013，31（3）：456-462.

[350] 张新安．中国人的面子观与炫耀性奢侈品消费行为［J］．营销科学学报，2012，8（1）：76-94.

[351] 张秀娥，徐雪娇，林晶．创业教育对创业意愿的作用机制研究［J］．科学学研究，2018（9）：1650-1658.

[352] 张颖颖，胡海青．二元技术能力、制度环境与创业绩效——来自孵化产业的实证研究［J］．科技进步与对策，2016，33（18）：113-120.

[353] 张正林，庄贵军．基于社会影响和面子视角的冲动购买研究［J］．管

理科学，2008（6）：66-72.

[354] 赵晓东，吴道友．创业者职业生涯理论研究进展 [J]．科研管理，2008（A2）：191-194.

[355] 赵小云，郭成．国外生涯适应力研究述评 [J]．心理科学进展，2010，18（9）：1503-1510.

[356] 赵卓嘉．团队内部人际冲突、面子对团队创造力的影响研究 [D]．浙江大学，2009.

[357] 郑风田，孙谨．从生存到发展——论我国失地农民创业支持体系的构建 [J]．经济学家，2006（1）：54-61.

[358] 钟卫东，孙大海，施立华．创业自我效能感、外部环境支持与初创科技企业绩效的关系——基于孵化器在孵企业的实证研究 [J]．南开管理评论，2007，10（5）：68-74.

[359] 钟唯，周慧．湖北省新型城镇化对农民收入的影响机制研究 [J]．农业经济，2023（5）：63-66.

[360] 周洁，张建卫，李海红，等．军工研发人员生涯适应力对其创新行为、离职意向的作用机制：一个整合性过程模型 [J]．科技进步与对策，2019（9）：133-142.

[361] 周美伶，何友晖．从跨文化的观点分析面子的内涵及其在社会交往中的运作 [M]//杨国枢，余安邦主编．中国人的心理与行为．台北：桂冠图书公司，1993.

[362] 朱红根，康兰媛．金融环境、政策支持与农民创业意愿 [J]．中国农村观察，2013（5）：24-33.

[363] 朱瑞玲．中国人的社会互动：试论面子的运作 [J]．中国社会学刊，1987（11）：23-53.

[364] 祝振兵，许晟．农民创业意愿与行为的一致性研究：基于 AMO 框架的分析 [J]．农林经济管理学报，2022（6）：699-706.

附　录

一、调查问卷

研究一调查问卷

亲爱的朋友：

您好！本问卷是一份普通的学术调查问卷，采用的是匿名调查，对所获信息完全保密，不会显示您的个人信息。答案没有对错好坏之分，请您根据自己的实际感受放心作答。

感谢您的大力协助！敬祝平安快乐！

第一部分：请结合您自己的实际情况，在符合您自己真实感受的数字上打"√"。

序号	请选择最符合您真实情形的答案，在相应的数字上打"√"。	非常不同意	不同意	不清楚	同意	非常同意
1	我希望大家觉得我能做到一般人做不到的事	①	②	③	④	⑤
2	我希望自己在聊天时能说出别人不知道的事	①	②	③	④	⑤
3	我很在乎别人对我的夸奖和称赞	①	②	③	④	⑤
4	我希望拥有一般人没有但渴望拥有的物品	①	②	③	④	⑤
5	我很希望大家知道我认识一些头面人物	①	②	③	④	⑤
6	我希望在别人看来，我比大多数人都过得好	①	②	③	④	⑤
7	当谈及我的弱点时，我总希望转移话题	①	②	③	④	⑤
8	就算我真的不懂，我也尽量避免让别人觉得我很无知	①	②	③	④	⑤

序号	请选择最符合您真实情形的答案，在相应的数字上打"√"。	非常不同意	不同意	不清楚	同意	非常同意
9	我尽力隐瞒我的缺陷不让其他人知道	①	②	③	④	⑤
10	如果我的工作单位不好，我会尽量不向其他人提起	①	②	③	④	⑤
11	就算是我错了，我也不会向别人当面认错	①	②	③	④	⑤

第二部分：当您阅读完每一题后，请在符合您自己真实感受的数字上打"√"。

序号	请选择最符合您真实情形的答案，在相应的数字上打"√"。	非常不同意	不同意	不清楚	同意	非常同意
1	我通常难以做出决定	①	②	③	④	⑤
2	我通常感到需要专业人士或信任的人认可并支持我的决定	①	②	③	④	⑤
3	我常常担心我会失败	①	②	③	④	⑤
4	我常常逃避做出承诺	①	②	③	④	⑤

第三部分：当您阅读完每一题后，请在符合您自己真实感受的数字上打"√"。

序号	请选择最符合您真实情形的答案，在相应的数字上打"√"。	非常不同意	不同意	不清楚	同意	非常同意
1	总的来说，我对自己很满意	①	②	③	④	⑤
2	我觉得我有很多优秀的品质	①	②	③	④	⑤
3	我能和其他人一样把事情做好	①	②	③	④	⑤
4	我觉得我是一个有价值的人，至少和别人是平等的	①	②	③	④	⑤
5	我对自己持积极的态度	①	②	③	④	⑤
6	有时我觉得自己一点也不好	①	②	③	④	⑤
7	我觉得自己没有什么值得骄傲的地方	①	②	③	④	⑤
8	我有时确实觉得自己没用	①	②	③	④	⑤
9	我希望我能多尊重自己	①	②	③	④	⑤
10	总之，我倾向于认为我是一个失败者	①	②	③	④	⑤

第四部分：当您阅读完每一题后，请在符合您自己真实感受的数字上打"√"。

序号	请选择最符合您真实情形的答案，在相应的数字上打"√"。	非常不同意	不同意	不清楚	同意	非常同意
1	我能为自己的将来做准备	①	②	③	④	⑤
2	我关心自己的未来	①	②	③	④	⑤
3	我清楚应该做出哪些教育和职业方面的选择	①	②	③	④	⑤
4	我遇事能够独自做决定	①	②	③	④	⑤
5	我能对自己的行为负责	①	②	③	④	⑤
6	我可以依靠自己去实现目标	①	②	③	④	⑤
7	我会主动寻找可以让我成长的机会	①	②	③	④	⑤
8	我在做决定前会做充分调查	①	②	③	④	⑤
9	我会观察做事情的多种方式方法	①	②	③	④	⑤
10	我能够认真把工作做好	①	②	③	④	⑤
11	我乐于接受学习新的技巧	①	②	③	④	⑤
12	我对工作会全力以赴	①	②	③	④	⑤

第五部分：当您阅读完每一题后，请在符合您自己真实感受的数字上打"√"。

序号	请选择最符合您真实情形的答案，在相应的数字上打"√"。	非常不同意	不同意	不清楚	同意	非常同意
1	我会尽一切努力创办自己的企业	①	②	③	④	⑤
2	我认真考虑过有关创业的事情	①	②	③	④	⑤
3	我决定将来要自己创业	①	②	③	④	⑤
4	我坚信自己将来一定会创办企业	①	②	③	④	⑤
5	我已经做好了成为创业者的所有准备	①	②	③	④	⑤
6	我的职业发展目标是成为农民企业家	①	②	③	④	⑤

第六部分：基本信息（请您在符合自己情况的选项上打"√"）。

1. 性别：

①男　　　　　　　　②女

2. 年龄：

①18~25 岁　　　　②26~30 岁　　　　③31~35 岁

④36~40 岁　　　　⑤41~45 岁　　　　⑥46 岁及以上

3. 婚姻状况：

①未婚　　　　　　②已婚

4. 学历：

①初中及以下　　　②高中/中专　　　　③大专

④本科及以上

5. 您的家庭年收入：

①5 万元以下

②5 万~10 万元（不足 10 万元）

③10 万~15 万元（不足 15 万元）

④15 万~20 万元（不足 20 万元）

⑤20 万元及以上

6. 您的家庭成员（父母、兄弟姐妹等）是否有创业经历：

①是　　　　　　　②否

7. 您亲密的朋友或邻居是否有创业经历：

①是　　　　　　　②否

8. 您在此次调查之前是否参加过创业相关的培训或教育：

①是　　　　　　　②否

9. 您之前个体经营的经验：_____次。

研究二调查问卷

亲爱的朋友：

您好！本问卷是一份普通的学术调查问卷，采用的是匿名调查，对所获信息完全保密，不会显示您的个人信息。答案没有对错好坏之分，请您根据自己的实际感受放心作答。

感谢您的大力协助！敬祝平安快乐！

第一部分：当您阅读完每一题后，请在符合您自己真实感受的数字上打"√"。

序号	请选择最符合您真实感受的答案，在相应的数字上打"√"。	非常不同意	不同意	不清楚	同意	非常同意
1	这个国家的政府组织会帮助个人创业	①	②	③	④	⑤
2	政府为新企业和小企业预留了政府合同（订单）	①	②	③	④	⑤
3	地方和国家政府对想创业的个人有专门的支持	①	②	③	④	⑤
4	政府对那些帮助新企业发展的组织有资助	①	②	③	④	⑤
5	即使在早期的生意失败后，政府也会帮助企业家重新开始创业	①	②	③	④	⑤
6	人们知道如何在法律上保护新企业	①	②	③	④	⑤
7	那些创办新企业的人知道如何应对巨大的风险	①	②	③	④	⑤
8	那些创办新企业的人知道如何管理风险	①	②	③	④	⑤
9	大部分人知道在哪里可以找到他们产品的市场信息	①	②	③	④	⑤
10	在这个国家，把新想法商业化是一条令人赞赏的职业道路	①	②	③	④	⑤
11	在这个国家，创新和创造性思维被视为通往成功的一种途径	①	②	③	④	⑤
12	企业家在这个国家很受尊敬	①	②	③	④	⑤
13	这个国家的人往往非常钦佩那些自己创业的人	①	②	③	④	⑤

第二部分：当您阅读完每一题后，请在符合您自己真实感受的数字上打"√"。

序号	请选择最符合您真实情形的答案，在相应的数字上打"√"。	非常不同意	不同意	不清楚	同意	非常同意
1	我的家人会尽力帮助我创业	①	②	③	④	⑤
2	在创业这件事上，我能从家人那里得到情感上的帮助和支持	①	②	③	④	⑤
3	我的家人愿意帮助我做出有关创业的决定	①	②	③	④	⑤
4	我可以和家人讨论我在创业时遇到的困难	①	②	③	④	⑤

第三部分：当您阅读完每一题后，请在符合您自己真实感受的数字上打"√"。

序号	和周围人相比，您在下列能力方面对自己的评价是?	比他们差多了	比他们差一点	不清楚	比他们强一点	比他们强多了
1	解决问题	①	②	③	④	⑤
2	管理资金	①	②	③	④	⑤
3	有创造力	①	②	③	④	⑤
4	使大家赞同我的观点	①	②	③	④	⑤
5	做一名领导者	①	②	③	④	⑤
6	决策制定	①	②	③	④	⑤

第四部分：当您阅读完每一题后，请在符合您自己真实感受的数字上打"√"。

序号	请选择最符合您真实情形的答案，在相应的数字上打"√"。	非常不同意	不同意	不清楚	同意	非常同意
1	如果我能够实现我的创业目标，我的朋友和父母会很欣赏我	①	②	③	④	⑤
2	如果我能够实现我的创业目标，我会获得我想要的物质财富	①	②	③	④	⑤
3	如果我能够实现我的创业目标，我会更加欣赏自己	①	②	③	④	⑤
4	如果我能够坚持我的创业目标，我最终会实现创业成功	①	②	③	④	⑤

第五部分：当您阅读完每一题后，请在符合您自己真实感受的数字上打"√"。

序号	请选择最符合您真实情形的答案，在相应的数字上打"√"。	非常不同意	不同意	不清楚	同意	非常同意
1	我会尽一切努力创办自己的企业	①	②	③	④	⑤
2	我认真考虑过有关创业的事情	①	②	③	④	⑤
3	我决定将来要自己创业	①	②	③	④	⑤
4	我坚信自己将来一定会创办企业	①	②	③	④	⑤
5	我已经做好了成为创业者的所有准备	①	②	③	④	⑤
6	我的职业发展目标是成为农民企业家	①	②	③	④	⑤

第六部分：基本信息（请您在符合自己情况的选项上打"√"）。

1. 性别：

①男　　　　　　　　②女

2. 年龄：

①18～25 岁　　　　②26～30 岁　　　　③31～35 岁

④36～40 岁　　　　⑤41～45 岁　　　　⑥46 岁及以上

3. 婚姻状况：

①未婚　　　　　　　②已婚

4. 学历：

①初中及以下　　　　②高中/中专　　　　③大专

④本科及以上

5. 您的家庭成员（父母、兄弟姐妹等）是否有创业经历：

①是　　　　　　　　②否

6. 您在此次调查之前是否参加过创业相关的培训或教育：

①是　　　　　　　　②否

7. 您之前个体经营的经验：_____次。

研究三调查问卷

亲爱的朋友：

您好！本问卷是一份普通的学术调查问卷，采用的是匿名调查，对所获信息完全保密，不会显示您的个人信息。答案没有对错好坏之分，请您根据自己的实际感受放心作答。

感谢您的大力协助！敬祝平安快乐！

第一部分：当您阅读完每一题后，请在符合您自己真实感受的数字上打"√"。

序号	请选择最符合您真实情形的答案， 在相应的数字上打"√"。	非常 不同意	不同意	不清楚	同意	非常同意
1	我的能力在就业市场上是受欢迎的	①	②	③	④	⑤
2	我能通过自己的人脉关系获得一份比较好的工作	①	②	③	④	⑤
3	我知道有公司能让我去工作	①	②	③	④	⑤

序号	请选择最符合您真实情形的答案，在相应的数字上打"√"。	非常不同意	不同意	不清楚	同意	非常同意
4	我有能力轻松地在不同的公司找到新的工作	①	②	③	④	⑤
5	我拥有就业市场需要的工作经验	①	②	③	④	⑤

第二部分：当您阅读完每一题后，请在符合您自己真实感受的数字上打"√"。

序号	请选择最符合您真实情形的答案，在相应的数字上打"√"。	非常不同意	不同意	不清楚	同意	非常同意
1	我会尽一切努力创办自己的企业	①	②	③	④	⑤
2	我认真考虑过有关创业的事情	①	②	③	④	⑤
3	我决定将来要自己创业	①	②	③	④	⑤
4	我坚信自己将来一定会创办企业	①	②	③	④	⑤
5	我已经做好了成为创业者的所有准备	①	②	③	④	⑤
6	我的职业发展目标是成为农民企业家	①	②	③	④	⑤

第三部分：基本信息（请您在符合自己情况的选项上打"√"）。

1. 性别：

①男　　　　　　　　②女

2. 年龄：

①18～25 岁　　　　②26～30 岁　　　　③31～35 岁

④36～40 岁　　　　⑤41～45 岁　　　　⑥46 岁及以上

3. 婚姻状况：

①未婚　　　　　　　②已婚

4. 学历：

①初中及以下　　　　②高中/中专　　　　③大专

④本科及以上

5. 您的家庭成员（父母、兄弟姐妹等）是否有创业经历：

①是　　　　　　　　②否

6. 您在此次调查之前是否参加过创业相关的培训或教育：

①是　　　　　　　　②否

7. 您之前个体经营的经验：＿＿＿＿＿＿次。

8. 请问您的户口是否为农业户口：

①是　　　　　　　　②否

二、全文英文缩写索引

AVE　平均方差抽取率（Average Variance Extracted）

CAAS 2.0　生涯适应力量表（Career Adapt-Abilities Scale）

CAAS-SF　职业生涯适应力量表（Career Adapt-Abilities Scale-Short Form）

CDC　清华中国数据中心（Tsinghua China Data Center）

CDDQ　生涯决策困难量表（Career Decision-Making Difficulties Questionnaire）

CEDSE　职业探索与决策自我效能感（Career Exploration and Decision Self-Efficacy）

CFA　验证性因子分析（Confirmatory Factor Analysis）

CFF　"关注面子"量表（Concern for Face）

CFI　比较拟合指数（the Comparative Fit Index）

CI　置信区间（Confidence Interval）

CMB　共同方法偏差（Common Methods Bias）

CPAI　中国人个性评估量表（the Chinese Personality Assessment Inventory）

CR　组合信度（Composite Reliability）

CSM　职业自我管理的社会认知模型（Social Cognitive Model of Career Self-Management）

EEM　创业事件理论（the Theory of the Entrepreneurial Event）

EIQ　创业意愿问卷（Entrepreneurial Intention Questionnaire）

ESE　创业自我效能感（Entrepreneurial Self-Efficacy）

GEM　全球创业观察（Global Entrepreneurship Monitor）

IEIS　个体创业意愿量表（Individual Entrepreneurial Intent Scale）

IFI　递增拟合指数（the Incremental Fit Index）

MRSE　多角色自我效能感（Multiple Role Self-Efficacy）

MSPSS　社会支持感知量表（the Multidimensional Scale of Perceived Social Support）

PE　感知就业能力（Perceived Employability）

P-E Fit　个体—环境匹配（Person-Environment Fit）

P-O Fit　个体—组织匹配（Person-Organization Fit）

P-P Fit　个体—个体匹配（Person-Person Fit）

P-V Fit　个体—职业匹配（Person-Vocation Fit）

PSED　创业动态跟踪研究（Panel Study of Entrepreneurial Dynamics）

RMSEA　近似误差均方根（the Root Mean Square Error of Approximation）

SCCT　社会认知职业理论（Social Cognitive Career Theory）

SCT　社会认知理论（Social Cognitive Theory）

SEM　结构方程模型（Structural Equation Modelling）

SPES　自我感知就业能力量表（Self-Perceived Employability Scale）

TLI　Tucher-Lewis 指数（the Tucker-Lewis Index）

TPB　计划行为理论（the Theory of Planned Behavior）